A FILO SOFIA
NOS NEGÓCIOS

CHRISTIAN MADSBJERG
MIKKEL B. RASMUSSEN

A FILO SOFIA
NOS NEGÓCIOS

COMO AS CIÊNCIAS HUMANAS
PODEM RESOLVER OS PROBLEMAS
MAIS COMPLEXOS DA GESTÃO

Tradução de Alessandra Mussi Araujo

Do original: *The Moment of Clarity: using the human sciences to solve your toughest business problems*
Tradução autorizada do idioma inglês da edição publicada por Harvard Business Review Press
Copyright © 2014, by Christian Madsbjerg e Mikkel B. Rasmussen

Todos os direitos reservados e protegidos pela Lei nº 9.610, de 19/2/1998.
Nenhuma parte deste livro, sem autorização prévia por escrito da editora, poderá ser reproduzida ou transmitida sejam quais forem os meios empregados: eletrônicos, mecânicos, fotográficos, gravação ou quaisquer outros.

Copidesque: Christiane Leonor Simyss
Revisão Gráfica: Tássia Hallais Veríssimo
Editoração Eletrônica: SBNigri Artes e Textos Ltda.

Elsevier Editora Ltda.
Conhecimento sem Fronteiras
Rua Sete de Setembro, 111 – 16º andar
20050-006 – Centro – Rio de Janeiro – RJ – Brasil

Rua Quintana, 753 – 8º andar
04569-011 – Brooklin – São Paulo – SP – Brasil

Serviço de Atendimento ao Cliente
0800-0265340
atendimento1@elsevier.com.br

ISBN 978-85-352-7115-7
ISBN (versão eletrônica) 978-85-352-7116-4
ISBN (edição original) 978-1-4221-9190-3

Nota: Muito zelo e técnica foram empregados na edição desta obra. No entanto, podem ocorrer erros de digitação, impressão ou dúvida conceitual. Em qualquer das hipóteses, solicitamos a comunicação ao nosso Serviço de Atendimento ao Cliente, para que possamos esclarecer ou encaminhar a questão.
Nem a editora nem o autor assumem qualquer responsabilidade por eventuais danos ou perdas a pessoas ou bens, originados do uso desta publicação.

CIP-Brasil. Catalogação-na-fonte.
Sindicato Nacional dos Editores de Livros, RJ

M157f Madsbjerg, Christian
A filosofia nos negócios: como as ciências humanas podem resolver os problemas mais complexos da gestão / Christian Madsbjerg, Mikkel Rasmussen; tradução Alessandra Mussi Araújo. – 1. ed. – Rio de Janeiro: Elsevier, 2014.
23 cm.

Tradução de: The moment of clarity: using the human sciences to solve your toughest business problems
Inclui índice
Glossário e notas
ISBN 978-85-352-7115-7

1. Motivação no trabalho. 2. Administração de pessoal. 3. Liderança. 4. Estratégia. 5. Negócios. I. Rasmussen, Mikkel. II. Título.

14-10128
CDD: 658.314
CDU: 658.310.42

OS AUTORES

A ReD Associates, uma das empresas de consultoria mais inovadoras e voltadas para o futuro em todo o mundo, exerce importante papel em levar as metodologias fundamentadas nas Ciências Humanas para as empresas. Os consultores da ReD, com base principalmente em Nova York e Copenhagen, trabalharam com grupos de consumidores, usuários e clientes de todo o planeta, combinando as análises das tradicionais práticas empresariais com as ferramentas de pesquisa das Ciências Humanas.

Com uma lista de clientes que inclui a alta administração de organizações como Adidas, Carlsberg, Coloplast, Intel, LEGO, Novo Nordisk, Mars, Orange, Pernod Ricard, Samsung e Vodafone, a ReD Associates não demorou a conquistar reputação mundial por ajudar empresas a resolver problemas em meio à incerteza e às rápidas mudanças dos mercados.

Os autores

Christian Madsbjerg, um dos sócios-fundadores, é conhecido por transformar as ferramentas das Ciências Humanas e Sociais em instrumentos úteis para os negócios. Trabalhando em Nova York, exerce a função de especialista na ReD, como diretor de relacionamento com os clientes, focado nas metodologias do rigoroso estudo que conduz sobre o comportamento humano. Madsbjerg orienta executivos de várias empresas da *Fortune* 300 sobre questões estratégicas de alto nível e integra sofisticadas técnicas, tradicionalmente usadas no mundo acadêmico, para os processos de resolução de problemas. Seu trabalho teve expressivo impacto no mercado de cada cliente corporativo.

Madsbjerg é escritor, professor e palestrante, com atuação em todo o mundo. É autor de vários livros sobre teoria social, análise do discurso e política. Estudou Ciências Políticas e Filosofia em Copenhagen e Londres e concluiu o mestrado na University of London.

Mikkel B. Rasmussen, também sócio-fundador da ReD Associates, é especialista em inovação e criatividade empresarial. Como diretor da ReD Associates na Europa, ele trabalha em estreito contato com a alta administração de algumas das empresas europeias mais visionárias, entre as quais Adidas, LEGO e Novo Nordisk. Seu trabalho levou a vários avanços tecnológicos e produtos inovadores nos mercados de brinquedos, artigos esportivos e cuidados com a saúde. Em sua atuação na ReD, foi pioneiro em tornar a metodologia das Ciências Sociais um instrumento prático, criativo e eficaz nos negócios.

Rasmussen, um renomado palestrante, com polêmicas ideias sobre inovação, criatividade nos negócios e o uso prático das Ciências Sociais, escreveu inúmeros artigos, tanto para o público acadêmico quanto para a imprensa de massa na Europa. Concluiu o mestrado em Administração e Economia pela Roskilde University, na Dinamarca, e tem especialização em Gestão de Inovação pela Maastricht University, na Holanda.

SUMÁRIO

	introdução	1
CAPÍTULO 1	Imersos em uma situação nebulosa	7
PARTE I	**COMPREENDENDO MAL AS PESSOAS**	**19**
CAPÍTULO 2	Análise de negócios, dados e lógica *O método do pensamento-padrão para resolução de problemas*	21
CAPÍTULO 3	Seja criativo! *O método "pense fora do quadrado" de resolução de problemas*	51
PARTE II	**COMPREENDENDO BEM AS PESSOAS**	**71**
CAPÍTULO 4	As Ciências Humanas	77
CAPÍTULO 5	A reviravolta *LEGO*	111

CAPÍTULO 6	Design de produtos *Coloplast*	131
CAPÍTULO 7	Estratégia corporativa *Intel e Adidas*	145
CAPÍTULO 8	Como liderar para alcançar o momento de clareza	167
CONCLUSÃO		197
GLOSSÁRIO		203
NOTAS		209
ÍNDICE REMISSIVO		219

Introdução

Um executivo da Intel acorda apavorado todas as manhãs. Ele passou a maior parte da carreira trabalhando para aprimorar a engenharia dos laptops, mas não consegue se livrar da sensação de que os notebooks se tornarão obsoletos nos próximos anos. Tudo que planeja para o futuro parece errado.

Uma funcionária da Apple percebe que, de repente, o cenário já não parece tão bom. A executiva sente uma espécie de desmotivação no ar, uma energia que não transmite curiosidade ou empolgação, e a coloca na defensiva. Parece que a equipe está se fechando em copas em vez de se abrir para o mundo.

Na Time Warner Cable, um executivo ouve os mais recentes números sobre o declínio das assinaturas de TV a cabo e do crescimento das famílias "zero-TV".[1] Seus colegas afirmam que a onda não passa de um ponto estatístico, mas ele não consegue deixar de se preocupar. "Sei o que está por vir", ele pensa, "mas não sei o que fazer a respeito".

---

[1] *Nota da Tradutora*: "Zero-TV" é um grupo cada vez maior de famílias que estão deixando de pagar por TV a cabo e outros serviços por satélite e aderindo ao *streaming* (transmissão contínua) para assistir programas de televisão e filmes na internet.

HÁ ALGO DE MUITO ERRADO no ar. Você analisa os números, assiste a apresentações, compara tudo com seus objetivos, mas sabe que nada disso é verdade. Sua atual estratégia de negócios não se alinha à sua experiência no mundo. Talvez você esteja colocando toda a sua energia em soluções milagrosas. Talvez esteja vendo um cemitério de lançamentos de produtos fracassados. Talvez esteja envolvido demais com as iniciativas de marketing para agregar valor a seus produtos. Quaisquer que sejam os sinais de alerta, o resultado é sempre o mesmo: seu negócio está saindo dos trilhos. O que fazer?

Passamos a maior parte das últimas duas décadas orientando empresas que enfrentam esse tipo de situação. Nossa consultoria, ReD Associates, vem trabalhando com grupos de consumidores, usuários e clientes em todo o mundo, usando técnicas e teorias das Ciências Humanas — Antropologia, Sociologia e Psicologia, bem como Artes, Filosofia e Literatura — para obter insights sutis demais para se enquadrarem nas ferramentas de negócios mais tradicionais. Por que é tão difícil entender o comportamento do cliente? Depois de trabalhar em estreita colaboração com empresas da *Fortune* 300 por quase 20 anos, temos uma resposta para essa pergunta.

Há uma série de hipóteses sobre o comportamento humano que orienta a maior parte da nossa compreensão da cultura empresarial de hoje, mas não falamos sobre essas suposições. A maioria sequer ouviu falar delas. Nas empresas, as pessoas criam andaimes invisíveis para sustentar pesquisas, grupos de discussão, iniciativas de P&D (Pesquisa e Desenvolvimento) e quase a totalidade do planejamento estratégico de longo prazo. Como discutiremos ao longo deste livro, esses pressupostos podem ser úteis para alguns, mas não para todos os desafios de negócios. Certamente, não servem para enfrentar as dificuldades resultantes das mudanças no comportamento dos clientes. A razão é simples: a cultura empresarial está usando o modelo errado de comportamento humano, e induzindo as pessoas ao erro.

Como assim?

O atual entendimento do comportamento humano no mundo dos negócios se baseia em um modelo simples, que vê as pessoas como seres previsíveis, que tomam decisões de forma racional e conseguem otimizar um conjunto de preferências predefinidas. Nos últimos anos, os líderes de negócios se tornaram mais conscientes das limitações desse conceito. Atualmente, modelos um pouco mais avançados, criados no promissor campo da economia comportamental, admitem que, às vezes, as pessoas são irracionais. No entanto, mesmo essas teorias mais recentes ainda se apegam à ideia básica de que as pessoas têm preferências predefinidas e imutáveis, e que, para entender tudo sobre o comportamento humano, basta perguntar o que as pessoas pensam e o que sentem. Essa ideia é alimentada pelo mito de que todas as nossas decisões se baseiam em deliberações conscientes ou semiconscientes. No cerne da moderna cultura empresarial, está a suposição de que o melhor modo de entender os seres humanos é analisar o cérebro e os processos mentais. Como consequência, as empresas estão sempre na inútil busca pelo acesso ao estado interno das pessoas: "Se ao menos conseguíssemos fazer as perguntas certas, projetar os algoritmos certos, analisar o conjunto de dados correto e saber o que move os pensamentos, realmente entenderíamos o que leva os consumidores a se comportarem de determinada maneira."

Quando analisamos nossa vida mais a fundo, e a de todos ao nosso redor, somos forçados a admitir que esses pressupostos estão errados. A maior parte da nossa vida — do que chamamos escolhas — existe abaixo do limiar de nossa consciência. Não somos desapegados nem agimos de modo consciente o tempo todo. Reflita sobre algumas das decisões que tomou nos últimos 10 anos. Quando decidiu se casar, você conseguiu articular, de maneira clara, uma proposição de valor para si mesmo? Criou uma lista de prós e contras e se colocou no cerne da questão, como um árbitro totalmente objetivo em relação a uma escolha que afetaria todo seu futuro? Ou se deixou levar pela vontade? Você quis que sua vida fosse semelhante à de seus amigos e colegas? Ou será que sentiu que o casamento era inevitável? Por quê?

E quanto às compras mais recentes? Você comprou seu último carro porque a relação preço-desempenho era ideal ou, como de hábito, acabou comprando o último modelo do mesmo automóvel adquirido há 5, 10 ou 15 anos?

Quantas vezes você volta das compras com itens supérfluos na sacola? Quantas vezes já olhou para seu parceiro e disse: "Não tenho a menor ideia de por que comprei isto?" Alguma vez você já fez um retrospecto sobre uma grande aquisição ou escolha estratégica em sua própria empresa e pensou: "Não sei como isso aconteceu."?

Não tenho a menor ideia de como isso aconteceu.

Este livro tem um único objetivo: queremos mostrar que há maneiras melhores de entender as pessoas. Vamos revelar as ideias pré-concebidas do mundo dos negócios sobre as pessoas — sejam consumidores, clientes, funcionários ou eleitores — e mostrar por que são falhas. Também vamos utilizar as Ciências Humanas para apresentá-lo a uma nova forma de compreensão do comportamento humano.

No passado, as Ciências Humanas eram principalmente associadas ao mundo acadêmico. Mesmo que uma empresa contratasse uma equipe de etnógrafos e antropólogos para fazer uma pesquisa para o lançamento de um novo produto, raramente os insights ou metodologias gerais se aprofundariam na cultura corporativa. Hoje, no entanto, um novo método está moldando de forma acentuada o modo como as empresas podem utilizar essas teorias. A novidade está saindo dos laboratórios de empresas de tecnologia, como Intel e IBM; dos departamentos de marketing de grandes empresas de produtos de consumo, como Coca-

Cola, Adidas e LEGO; de vários pensadores e escritores de pequenos grupos acadêmicos; e de novas safras de consultorias, como a nossa, que fundem Ciências Exatas e Humanas. Embora ainda incipiente, esse método começa a mostrar notáveis resultados em empresas de diversos países. Nosso livro revela os princípios desse novo método — chamado *sensemaking*, abordagem não linear à resolução de problemas (veja o glossário para mais informações) — a um público de negócios mais amplo. Vamos explicar como essa metodologia — que visa ajudá-lo a entender melhor o comportamento humano — pode ser aplicada a problemas de vários tipos, desde definir o direcionamento da empresa, impulsionar o crescimento, aprimorar os modelos de vendas, compreender a verdadeira cultura da organização até encontrar o caminho em novos mercados.

Até o término deste livro, você reconhecerá como a cultura empresarial sistematicamente compreende mal as pessoas e terá uma estrutura conceitual prática, firmemente enraizada em teorias e experiências — um método de resolução de problemas que o ajudará a compreender as pessoas corretamente.

As Ciências Humanas abordam a realidade da vida das pessoas no seu aspecto mais complexo e, francamente, mais interessante. Quando você começar a entender de fato o comportamento das pessoas, passará a ver o cenário corporativo sob uma ótica mais clara. Reconhecerá novas oportunidades e identificará as origens de antigos desafios, aparentemente insolúveis. Esses momentos não ocorrerão de modo fácil ou organizado — nada que tenha valor acontece dessa forma -, mas essa nova clareza tem o potencial de conduzir o futuro estratégico de sua empresa.

Vamos começar?

CAPÍTULO 1

Imersos em uma situação nebulosa

"IOGA É ESPORTE?" ESSA PERGUNTA foi feita por um vice-presidente sênior de um dos maiores fabricantes de calçados esportivos durante uma reunião externa na primavera de 2003. Ele conduzia a reunião com o objetivo de criar uma estratégia para a divisão de desempenho esportivo da empresa para os próximos cinco ou oito anos.

Os outros executivos discutiam de forma acalorada o planejamento dos produtos, informes tecnológicos, estratégia do projeto, metas de vendas e batalhas que deveriam ser vencidas, mas, no meio da reunião, o VP sênior se sentiu na obrigação de fazer a pergunta que o intrigava: "Ioga é esporte?" Para os outros executivos à mesa, esse questionamento surgira do nada. A sala ficou em silêncio durante alguns segundos, que pareceram intermináveis, antes de começarem as piadas.

"Ioga — um esporte? Essa é boa", disparou o diretor de marketing global. "Muito bem, senhores, vamos terminar a discussão sobre a estratégia do projeto e, então, talvez possamos voltar a essa questão da ioga amanhã, antes do café. Alguém topa fazer uma saudação ao Sol?" Todos riram, e a reunião continuou. Planejaram as estratégias, discutiram os números e estabeleceram o cenário para 2010.

O questionamento do VP sênior foi considerado sem sentido naquele dia. Praticar ioga era divertido e saudável, mas nada que precisasse ser levado a sério.

No entanto, a pergunta era relevante.

O VP sênior estava perdido. Não era apenas a ioga que o deixava confuso, mas toda a questão do esporte e do exercício — cultura que parecia se transformar sob seus olhos. Por que tantas pessoas iam à academia em vez de praticar esportes de competição? Por que as aulas de ioga na academia local estavam lotadas de homens por volta dos 30 anos, enquanto as equipes esportivas locais ficavam para trás? Por que parecia que a atividade esportiva mais comum nos Estados Unidos era se exercitar em um aparelho elíptico? No extremo oposto: O que levava milhões de pessoas a passar horas e horas por semana treinando para eventos de esportes radicais, como ultramaratonas, corridas de mountain bike com duração de 24 horas, triatlos (como o Ironman) e desafios de aventura, como maratonas no Saara? Nenhuma dessas atividades esportivas era tradicional ou fazia parte das estratégias do setor.

Se você não trabalha no setor de artigos esportivos, a confusão desses altos executivos pode soar estranha. Afinal de contas, é ótimo ir a uma aula de ioga ou a uma simples corrida no parque. Para a maioria das pessoas nos países mais desenvolvidos, a prática de esportes serve para manter a forma, se sentir bem, perder peso e ter uma vida equilibrada.

No entanto, os executivos do setor de calçados esportivos têm uma visão um pouco diferente. Com a simples pergunta "Ioga é esporte?", o VP sênior derrubava a principal premissa que guiava todo o setor: *os artigos esportivos são criados para ajudar os atletas a vencer.*

Quando os esportes organizados alcançaram o grande público, nos anos 1950, as empresas de artigos esportivos de repente começaram a ter um número maior de atletas competitivos em sua base de consumidores. A ideia de competir e proporcionar vantagem determinou grande parte da inovação no setor durante os 50 anos seguintes.

Supunha-se que os clientes escolheriam os produtos que lhes proporcionassem a melhor vantagem competitiva. Por essa razão, muitas empresas de artigos esportivos usam uma linguagem mais apropriada para descrever um motor de carro extremamente sofisticado quando lançam um novo par de tênis: "a série GEL-Kayano® tem uma abordagem do tipo 'nunca pare'", com "recursos de última geração, como Heel Clutching System™ e Dynamic DuoMax®". Quatro vezes por ano, todas as empresas de artigos esportivos do mercado lançam um tênis de corrida com um novo elemento de design futurista: seja do tipo "Dynamotion Fit", "tecnologias Lunarlon e Flywire" ou "Wave Creation 14", cada palavra é escolhida a dedo para transmitir a ideia de tecnologia de ponta. Se você fizer os cálculos — o número de marcas de tênis de corrida vezes o número de novas tecnologias de desempenho, multiplicado pelo número de lançamentos —, encontrará centenas de inovações na categoria de calçados esportivos a cada ano.

Vencer está no DNA cultural de todo o setor de artigos esportivos — é uma *raison d'être* (razão de ser) — e por um bom motivo. Durante os últimos 50 anos, a venda de vantagem competitiva gerou um astronômico crescimento na participação de mercado e nos lucros. Empresas como Nike, Adidas, Puma e New Balance mais que quadruplicaram de tamanho desde os anos 1980. Até o final dos anos 1990, as fronteiras e a proposição de valor do negócio estavam relativamente claras: embora os executivos ajustassem e melhorassem os produtos e processos, a mesma equação fundamental — melhor desempenho igual a vencer — determinava todas as decisões. Se algo desse errado, bastava rever as etapas a partir dessa lógica para descobrir o porquê.

Então, de repente, tudo mudou. Não se tratava de uma mudança no desempenho técnico do equipamento. Os consumidores haviam mudado. As pessoas se comportavam de maneira diferente, e ninguém sabia o motivo. Em 2003, o VP sênior percebeu a mudança, embora ainda não conseguisse determinar as causas subjacentes. Se a ioga é um esporte, as empresas precisam admitir a possibilidade de que a maioria das pessoas não pratica esportes para vencer. Até 2012 — apenas nove anos depois —, o mercado de roupas para ginástica respondia por mais da metade de todo o mercado de artigos esportivos. O de tênis para caminhada, academia e corrida cresceu em torno de dois dígitos, enquanto o de calçados para basquete, tênis e beisebol diminuiu. O número de pessoas que frequenta academias superou em cinco vezes o número de praticantes de esportes organizados. Além disso, mais de 50% da demanda por artigos esportivos vieram de mulheres. Segundo recente pesquisa, os três principais fatores motivacionais para as pessoas que fazem exercícios físicos são boa saúde, controle do peso e aparência. Compare com os principais fatores de motivação para atletas competitivos de acordo com a mesma pesquisa: competição, desafio e prazer. O mais surpreendente é que algumas das maiores inovações em termos de exercício não vinham do setor de artigos esportivos, mas de empresas de outros segmentos, como EA Sports, Microsoft Kinnect, Nintendo Wii e Garmin.

Tornando visível o invisível

Em retrospectiva, é fácil ver como a situação estava mudando. Porém, volte a 2003 e se coloque na insularidade corporativa com outros executivos da empresa de calçados esportivos. Imagine a vista da janela do escritório todos os dias: seus colegas jogando futebol, correndo ou chegando de bicicleta ao trabalho. Imagine as conversas na hora do almoço, enquanto, na cantina da empresa, você escolhe entre uma ampla gama de ofertas nutricionais para melhorar o desempenho: Quem percorreu quantos quilômetros? Qual foi o tempo de fulano na última corrida de 10 km?

A competitividade que sempre impulsionara a inovação e a estratégia no setor estava explícita e tacitamente demonstrada em todas as interações dentro da própria empresa. No momento em que você entrava nas instalações, lá estavam os atletas profissionais se exibindo — alguns experimentavam novos equipamentos, outros treinavam para vários eventos. Durante intervalos e almoço, os executivos não comiam nas mesas de trabalho. Com certeza, a maioria estava do lado de fora, se exercitando para melhorar seu desempenho atlético. Na verdade, a maioria fora trabalhar lá por esse motivo: a competição os alimentava. Essa era a principal razão pela qual praticavam esportes.

Mas era apenas o começo. A própria estrutura da organização favorecia o desempenho em esportes competitivos em detrimento do condicionamento físico. Somente os designers de nível mais baixo eram designados a trabalhar com aparelhos de ginástica. Ao atribuir ao staff básico de criação uma atividade como treino de musculação, a empresa indiretamente comunicava que o desempenho nos esportes era sempre a grande prioridade. Essa mensagem tácita se tornou explícita pelo nome que a empresa escolheu para os aparelhos de ginástica: "Sports Prep". Por que alguém faria ioga ou qualquer outra atividade, se não fosse uma forma de preparação para os esportes de competição?

Dentro dessa cultura empresarial, tudo que não melhorasse especificamente o desempenho técnico nos esportes era considerado moda, estilo ou sentimentalismo. Algumas dessas descrições eram o inevitável resultado principalmente da cultura machista da empresa. O interesse das mulheres pelos esportes — além da vantagem competitiva do desempenho — não surgiu organicamente, já que poucas mulheres estavam presentes nas reuniões estratégicas. Na verdade, os produtos dedicados a elas tinham tão pouca importância para a empresa que todos estavam incluídos em uma única categoria — "Mulheres" — que raramente atraía os melhores talentos do grupo de design. Além disso, a ideia de atletas serem fashionistas, ou vice-versa, geralmente era considerada irrelevante para as competências essenciais da empresa: "É maravilhoso, mas não é a *nossa* cara."

A cultura da empresa de calçados esportivos era como o oxigênio que as pessoas respiravam — invisível aos olhos, contudo, parte integrante de todas as interações na organização. Como era de se esperar, os líderes da empresa estavam propensos a continuar trabalhando com modelos que sempre haviam funcionado muitíssimo bem para eles no passado. Porém, o passado tem pouca relevância no meio do fenômeno de uma cultura que se modifica de modo invisível. O VP sênior fazia perguntas que não podiam ser respondidas com o uso de racionais e lineares ferramentas de resolução de problemas — *o pensamento-padrão*.

O que é pensamento-padrão?

Pareceríamos ingênuos se disséssemos que as empresas não tinham ideia de como elucidar os fatores intangíveis e as mudanças em seu ambiente. Mas, depois de analisar e trabalhar com centenas de planos estratégicos para algumas das maiores empresas do mundo, instituições públicas e do terceiro setor, sabemos que falta algo. É impressionante como as estratégias se parecem hoje em dia. A estrutura, linguagem, análise principal, evidências, argumentos, recomendações — até mesmo o tipo de fonte dos gráficos — são quase idênticos, seja em uma empresa de cervejas, um fabricante de materiais para construção, uma confecção de roupas esportivas ou uma rede de varejo. É quase como se o produto não importasse, contanto que esteja nos mercados nos quais a taxa de crescimento anual composta esteja acima da média, o dispêndio de capital seja aceitável, a estrutura de custos, equivalente à dos concorrentes, os recursos da organização, alavancados de forma correta, e a proposição de valor, claramente definida.

A maioria dessas estratégias, criada pela abordagem linear de resolver os problemas, visa alcançar o crescimento máximo e lucrar com o negócio por meio de uma análise lógica e racional. O ideal é transformar o trabalho de estratégia em uma disciplina rígida com o uso da lógica dedutiva, uma hipótese bem formulada e um conjunto completo de evidências e dados. Esse método de resolução de problemas dominou a maioria das pesquisas e o ensino nas faculdades de Administração durante as últimas décadas, além de ter formado os princípios orientadores de muitas consultorias de gestão global. De forma lenta, mas contínua, essa mentalidade passou a dominar a cultura empresarial durante os últimos 30 anos. Atualmente, é a ferramenta-padrão velada para a resolução de todos os problemas.

Essa mentalidade linear se apropriou dos ideais das Ciências Exatas, como a Física e a Matemática: aprender, com exemplos do passado, a criar uma hipótese que possa ser testada com números. Como usa o raciocínio indutivo como base, essa abordagem é extremamente bem-sucedida ao analisar informações inferidas de um conjunto conhecido de dados do passado. O pensamento-padrão nos ajuda a aumentar desempenhos, otimizar recursos, equilibrar portfólios de produtos, desenvolver produtividade, investir em mercados com os maiores e menores retornos financeiros, diminuir a complexidade operacional e, geralmente, alcançar a melhor relação custo-benefício. Em resumo, funciona muito bem quando o desafio do negócio exige aumento na produtividade de um sistema.

Mas e se o desafio envolver o comportamento das pessoas? Quando se trata de mudanças culturais, o uso de uma hipótese com base em exemplos do passado nos dá uma falsa sensação de confiança, nos desencaminha para águas desconhecidas, com o mapa errado.

Certos problemas se beneficiam de uma abordagem racional e linear, ao passo que outros, não tão diretos — imersos em uma situação nebulosa — tiram mais proveito de um tipo de resolução de problemas utilizado nas Ciências Humanas. Chamamos esse método de resolução de problemas de sensemaking (processo que estrutura o desconhecido para entendê-lo).

Sensemaking: procurando um caminho em meio ao nevoeiro

As Ciências Exatas, que envolvem a Matemática e as leis universais, *a maneira como as coisas são* e tendem a ser o foco principal quando discutimos nossa compreensão sobre o mundo. Essa tendência é tão comum que, normalmente, ignoramos os vários tipos de ciências usadas para elucidar outros fenômenos ou *a maneira como as coisas são vivenciadas na cultura*. Se o pensamento-padrão nos mostra o que existe em primeiro plano (por exemplo, "estamos perdendo participação de mercado em roupas esportivas para competição"), as Ciências Humanas investigam o histórico invisível — a nuance em camadas por trás do que percebemos (por exemplo, "bem-estar, não competição, é o principal fator de motivação para muitas pessoas que praticam esportes").

O método do sensemaking é inspirado nas ciências menos exatas: disciplinas como Antropologia, Sociologia e Psicologia Existencial, assim como Artes, Filosofia e Literatura. Ao contrário dos ramos mais quantitativos e voltados para os dados das Ciências Sociais — campos de estudo como a Economia —, essas áreas, mais voltadas para humanidades, elucidam principalmente os seguintes fenômenos: Como as pessoas vivenciam o mundo? Um antropólogo ou etnógrafo, por exemplo, se encaixa na nossa definição de cientista humano, que observa as pessoas em seu próprio contexto para coletar dados (qualitativos) sobre elas. Enquanto as Ciências Nnaturais têm como foco os dados com *propriedades* (esta casa tem oito quartos, aquela, seis), as Ciências Humanas buscam dados que elucidem a maneira como as pessoas *vivenciam* essas propriedades (dos seis quartos, ela gostava mais do amarelo, porque foi onde ela viu, pela primeira vez, o fantasma da avó). Chamamos os dados que examinam a experiência humana de *aspecto*. O box "Como as Ciências Humanas se diferenciam das demais?" propõe um resumo de como essas ciências menos exatas se diferenciam das mais exatas.

> ### Como as Ciências Humanas se diferenciam das demais?
>
> - As Ciências Humanas incluem disciplinas como Antropologia, Sociologia e Psicologia, assim como Artes, Filosofia e Literatura.
>
> - Ao contrário dos ramos mais quantitativos das Ciências Sociais, as Ciências Humanas elucidam principalmente fenômenos do tipo: Como as pessoas vivenciam o mundo?
>
> - As Ciências Exatas têm como foco dados com *propriedades* (fatos tangíveis, objetivos, com peso e distância), enquanto as Ciências Humanas coletam dados que nos permitem ver os *aspectos* ou a maneira como as pessoas vivenciam essas propriedades.

A maneira como vivenciamos o mundo talvez seja tão ou mais importante que os fatos tangíveis e objetivos, especialmente para o conjunto específico de problemas no qual os dados ou cenários do passado já não parecem mais relevantes.

Os dados que conduzem o estudo do fenômeno não são modelos ou equações, mas formados por representações, emoções, artefatos, comportamentos observados e conversas. É difícil imaginar como uma série de transcrições de conversas, fotografias ou vídeos poderia sustentar uma teoria com algum rigor. Contudo, essas teorias e métodos realmente existem nas Ciências Humanas, e sua estrutura analítica ajuda a tornar visíveis os padrões invisíveis. Se realmente pretendemos compreender as nuances de questões culturais, a comparação entre uma rigorosa estrutura analítica das Ciências Humanas e os diferentes métodos de pesquisa qualitativa pode nos dar valiosos insights.

Por que precisamos dessa prática de negócios completamente nova para compreender nosso próprio comportamento? Pensemos novamente no VP sênior. O comportamento humano pode mudar — às vezes, de forma radical —, e, nesses momentos, nenhum dado tangível consegue colocar em primeiro plano os fatores invisíveis. Surpreendidos nesse momento de mudança volátil, a maioria dos colegas do VP queria se garantir e confiar na segurança dos números e modelos.

O pensamento-padrão e o sensemaking são ferramentas de navegação complementares. Cada um representa uma abordagem extremamente eficaz e adequada a um propósito diferente. Tomemos como exemplo o setor da saúde, no qual vários métodos são usados para comercializar determinados medicamentos farmacêuticos e entender por que certos pacientes não tomam regularmente sua medicação para diabetes. Comercializar determinado medicamento bem-sucedido em vendas exige o pensamento-padrão: um esforço bastante linear. Tudo é uma questão de eficiência, operações e canais de vendas. Por outro lado, para compreender o complexo comportamento consumidorpaciente, pode ser mais fácil usar um método como o sensemaking. Seria tolice sugerir que uma empresa farmacêutica eliminasse esses métodos e continuasse prosperando. Da mesma forma, a maioria das empresas precisa de ambos os modos estratégicos, mas para propósitos diferentes (Tabela 1.1).

TABELA 1.1

Como o pensamento-padrão e o sensemaking se complementam

Pensamento-padrão	Sensemaking
Pesquisa com base em hipóteses	Pesquisa exploratória
Respostas, o quê e quanto?	Respostas, por quê?
Pesquisa sobre o que é e o que foi	Pesquisa sobre o que está por vir
Problemas com níveis mais baixos de incerteza	Problemas com níveis mais altos de incerteza
Evidências mensuráveis, tangíveis	Evidências qualitativas
Correção	Verdade

O momento de clareza

Escrevemos este livro como um guia: esperamos ajudá-lo a pensar de forma crítica sobre as hipóteses de sua atual estratégia de negócios e proporcionar uma maneira completamente nova de abordar os problemas mais difíceis em sua empresa. Nossa inspiração veio dos grandes filósofos e intelectuais, cujas ideias refinamos para chegar às aplicações práticas de nosso método. Acreditamos que os princípios do método do sensemaking sejam um alívio para os executivos. Durante muito tempo, apesar da incômoda sensação de que estavam simplificando demais o comportamento do consumidor, os executivos sempre acabavam voltando para os mesmos tipos de dados e ferramentas.

Usar as Ciências Humanas como estrutura contextual para a descoberta não é fácil nem rápido, mas sua eficácia foi confirmada em inúmeras situações durante vários e vários anos. Quando executado com habilidade, um método como o sensemaking permite uma compreensão muito mais profunda da dinâmica do mercado, parecida com o amanhecer no horizonte depois de uma longa noite. *Agora estou vendo!*

Mas, antes de analisarmos de forma mais detalhada o sensemaking, precisamos examinar as ferramentas mais tradicionais dos cursos de MBA. Talvez tenhamos todos os números corretos, então por que continuamos compreendendo mal as pessoas?

PARTE I

Compreendendo mal as pessoas

CAPÍTULO 2

Análise de negócios, dados e lógica

*O método do pensamento-padrão
para resolução de problemas*

É UMA TERÇA-FEIRA NORMAL. OS NÚMEROS de vendas indicam que você ainda está ganhando dinheiro. As pessoas estão chegando ao trabalho, e sua caixa de entrada está lotada de e-mails. Os telefones não param de tocar, como sempre, e os resultados das pesquisas de satisfação dos clientes começam a chegar. O Net Promoter Score (metodologia que mede a fidelidade do cliente) precisa melhorar, o conjunto de lançamentos para o mês seguinte tem os problemas de sempre, e os principais indicadores de desempenho estão no caminho certo. E mais, a cadeia de suprimentos está com atrasos, o pessoal de P&D está reclamando que os prazos estão muito curtos — "Precisamos simplificar os processos!" —, o portfólio de produtos ainda é muito complexo, e continuam as mesmas batalhas internas por causa do orçamento e do número de funcionários que você viu no ano passado. Ah, e um programa de mudança organizacional está em andamento. De novo.

Em uma terça-feira normal — e na maioria dos dias em grande parte das empresas —, os executivos navegam em uma embarcação que conhecem muito bem, em uma direção pela qual já passaram muitas vezes. Essa viagem tem problemas, mas os executivos sabem lidar com eles. Em circunstâncias normais, você pode confiar no método do pensamento-padrão para solucioná-los: formular uma hipótese para determinar qual é a questão e, então, analisar os dados a fim de descobrir onde reside a falha. Felizmente, não acordamos todos os dias e enfrentamos uma revolução. Voltamos ao padrão porque quase todos os dias são como uma terça-feira normal. Até que tudo começa a mudar.

Como sabemos bem, as condições no mercado mudam, e os consumidores se comportam de maneira imprevisível. De repente, a situação fica nebulosa. Será que essa sensação de mudança turbulenta é o novo normal ou retornaremos à estabilidade e à previsibilidade de antes?

Os futuristas e prognosticadores vêm afirmando há décadas que a era atual trará mudanças sem precedentes. Em 1969, Peter Drucker, conhecido como "o pai da Administração moderna", previu que a sociedade ocidental estava se aproximando de uma nova "era de descontinuidade", na qual as mudanças em tecnologias, mercados, operações empresariais e na própria natureza do trabalho criariam uma era de mudanças constantes. Alvin Toffler seguiu a mesma linha de pensamento no famoso best-seller *O choque do futuro* (Rio de Janeiro: Record, 1994), no qual descreveu o futuro como uma sociedade em constante estado de choque, causado por "muitas mudanças em um período muito curto". Em seu livro de 1973, *Beyond the Stable State*, o especialista em aprendizagem organizacional Donald Schön argumentou que estávamos a caminho de uma sociedade que jamais seria estável novamente. Segundo o autor, as empresas precisavam se enxergar como organizações em constante processo de aprendizagem.

Enquanto isso, nas Ciências Sociais, influentes pensadores, como os sociólogos Anthony Giddens, britânico, e Ulrich Beck, alemão, descreveram a aceleração da mudança como a última fase da "modernidade" — um mundo no qual não só as tecnologias e empresas, mas a própria malha social, estão em constante mudança. Essas ideias se consolidaram e acompanharam um grupo de escritores da área de negócios, como Tom Peters e Gary Hamel, que transformaram a gestão de mudanças em uma nova disciplina da Administração.

Então, o que não passa de puro alarde com relação a mudanças? Embora todos os pensadores mencionados tenham credibilidade intelectual, é importante analisar os argumentos em um contexto histórico mais amplo. Estamos incessantemente passando por mudanças, mas nem todas são sísmicas. É vital que uma empresa entenda a diferença entre as incertezas presentes em um dia normal e as inerentes a uma grande mudança cultural. Os antropólogos e outros estudiosos das Ciências Humanas se referem às diferenças na dimensão dos problemas, que começam pequenos, com soluções conhecidas, e se tornam cada vez mais complexos e confusos. As questões de negócios podem ser classificadas em uma escala de problemas com três níveis de complexidade. Essa estrutura é útil para distinguir os muito complexos dos realmente gerenciáveis. Pense em sua própria situação empresarial e tente classificar seus problemas de acordo com um dos três níveis seguintes. Em vez de enxergar a mudança como norma, a escala permite avaliar o tipo de questão: você sabe resolvê-la ou ela exige uma forma de pensar totalmente nova? A seguinte lista o ajudará a classificar o nível de complexidade de seu problema nos negócios:

Três níveis de problemas de negócios:

1. **Um futuro bem claro, com um ambiente de negócios relativamente previsível**. Você sabe qual é o problema e pode aplicar um algoritmo comprovado para solucioná-lo. "Se eu investir $1 em gasto de mídia com propaganda, sei que terei um retorno de aproximadamente $1,5, por causa da estimulação do mercado." "A média dos custos administrativos do setor é de 8% da receita total. A minha é de 10%. Precisamos reduzi-la."

2. **Alternativas futuras com uma série de opções disponíveis**. Você tem uma ideia do problema e talvez já tenha visto algo parecido. Faz sentido testar sua intuição como hipótese. Por exemplo: "Nossos números de vendas estão baixos mesmo quando investimos mais na equipe comercial, mas observamos o mesmo padrão na União Europeia e na China. Talvez estejamos contratando muitos vendedores, de forma muito rápida, esperando que eles apresentem o mesmo retorno que os mais antigos."

3. **Alto nível de incerteza, sem qualquer compreensão do problema**. Você não conhece o problema, muito menos a solução. Consegue ver que algo está errado, mas não tem a menor ideia do que fazer. Por exemplo, "Nossa divisão de mídia está perdendo negócios para as startups de internet"; "Estamos investindo mais em atendimento, mas nossos clientes estão cada vez mais insatisfeitos" ou "Estamos desenvolvendo produtos que parecem adequados ao mercado, mas o público não está interessado".

A escala mostra que a maioria dos problemas está nos Níveis 1 ou 2. Esses são, de longe, os tipos mais comuns. As perguntas típicas desses níveis são:

- Estamos perdendo participação de mercado por razões óbvias? Poderíamos fazer algo para reverter a situação?

- O que nos gera mais lucro?

- Podemos reduzir o custo operacional?

- Como está nosso portfólio de produtos?

- A satisfação de nossos clientes está de acordo com os padrões do setor?

- Podemos aumentar a produtividade da equipe de vendas?

- Quais segmentos de mercado são mais lucrativos?

- Como podemos acelerar nossa cadeia de suprimentos?

- Temos o mix correto de canais de vendas?

Problemas como esses talvez pareçam extremamente complexos e incertos, mas seriam tanto assim a ponto de você não ter ideia de como começar a resolvê-los? A ponto de você sequer conseguir enxergar a real questão? Faltam palavras para descrever a mudança?

O fato de um problema de negócios ser relativamente concreto não o torna trivial. A solução ainda exige muita análise, alto nível de habilidade, muitos anos de experiência e grande capacidade operacional. Porém, há um comprovado método — que os filósofos chamam de heurística — para se chegar a ela, e você pode ter certeza de que dará certo.

Mas e os problemas cujas variáveis você não conhece e para os quais não existe heurística? Centenas de ferramentas e ideias, normalmente utilizadas para inspirar o pensamento e a estratégia, foram desenvolvidas para abordar situações com níveis extremos de incerteza — incluindo dois dos métodos mais conhecidos: planejamento de cenário e identificação de novas tendências. Contudo, mesmo no meio de extrema incerteza, os líderes empresariais raramente divergem do pensamento-padrão. Neste capítulo, explicaremos por que esse tipo de resolução de problemas não é muito apropriado para analisar as mudanças no comportamento dos consumidores — ou seja, para os problemas de Nível 3. Vejamos, de forma mais detalhada, como funciona o pensamento-padrão.

Como funciona o pensamento-padrão

O modelo de resolução do pensamento-padrão tem origem no que pode ser chamado de racionalismo instrumental. A essência do modelo é a crença de que os problemas de negócios podem ser solucionados por meio de uma análise científica e objetiva, e que as evidências e fatos devem prevalecer sobre as opiniões e preferências. Para obter a resposta correta, de modo que o pensamento flua, você deve se ater aos seguintes princípios da resolução de problemas:

1. Todas as incertezas nos negócios são definidas como problemas. Alguma coisa no passado provocou o problema, e os fatos devem ser analisados para identificar e resolver a questão.

2. Os problemas são desconstruídos em declarações (questões) formais e quantificáveis. Por exemplo: "Por que a lucratividade está diminuindo?"

3. Cada problema é fragmentado em pequenas partes, que podem ser analisadas de forma separada — por exemplo,

desmembrar as causas da lucratividade em questões lógicas. Essa análise incluiria "árvores de questões" para todas as centenas de potenciais alavancas para redução de custos ou aumento da receita (segmentos de clientes, mercados, participação de mercado, preço, canais de venda, operações, desenvolvimento de novos negócios etc).

4. Uma lista de hipóteses para explicar a causa do problema é gerada. Por exemplo: "Podemos aumentar a lucratividade reduzindo o custo das operações."

5. Dados são coletados e processados para testar cada hipótese — todas as possibilidades são verificadas, e nenhuma fonte de dados é desconsiderada.

6. A indução e a dedução são usadas para testar as hipóteses, elucidar o problema e encontrar áreas de intervenção de maior impacto, o que normalmente chamamos de "melhor relação custo-benefício".

7. Uma estrutura bem organizada da análise é implementada para criar um argumento lógico, com base em fatos, sobre o que deveria ser feito. A estrutura é formada como uma pirâmide que mostra os fatos corroborantes, algumas subconclusões e uma conclusão geral e, então, termina com uma lista de intervenções prioritárias à qual a empresa deve se ater.

8. Todas as ações propostas são descritas como fluxos de trabalho gerenciáveis ou batalhas que devem ser vencidas, aos quais um comitê ou alguém responsável é designado.

9. Critérios de mensuração de desempenho e um cronograma, com acompanhamento e monitoramento, são estabelecidos para que cada comitê conclua a tarefa.

10. Quando todos os fluxos de trabalho estiverem concluídos, o problema estará resolvido.

Quando bem executado, o pensamento-padrão tem uma beleza primitiva. No meio da complexidade humana, é tentador acreditar que as empresas são capazes de ter uma visão clara do certo e do errado, de extrair da equação as opiniões, crenças, sentimentos, dúvida e confusão e focar os "fatos pura e simplesmente". Como nos disse um colega, certa vez: "Com uma boa McKinsey, Boston Consulting Group ou Bain, consigo resolver qualquer problema."

Essa ideia da administração como tipo de ciência aplicada e disciplina técnica não é uma invenção recente. Na verdade, tudo começou há cerca de cem anos. Podemos remontar ao século XIX, quando o *positivismo*, filosofia predominante na época, argumentava ser possível medir a realidade de forma objetiva. Os princípios do positivismo podem ser vistos em toda a grande arte da época: o meticuloso realismo de Flaubert era uma tentativa de captar a vida real — a medicina caseira do Dr. Bovary, por exemplo, simples como é —, enquanto pintores realistas americanos, como Homer e Whistler, prestavam atenção aos objetos do dia a dia e temas como um barco a remo ou a mãe do artista, evitando os adornos e os enfeites do Romantismo. No mundo dos negócios, o positivismo alimentou a cultura voltada à produção, que se desenvolvia conforme as empresas mantinham o foco na produtividade e em margens mais altas. O negócio era concebido a partir de uma série de transações que podiam ser fracionadas e otimizadas. Os seres humanos eram considerados otimizadores racionais, que adeririam a esse comportamento transacional para satisfazer seus desejos. Não importava se o produto era batata frita, flautas ou caríssimos anéis de diamantes; a gestão de negócios se tornou uma questão de análise linear e racional dos sistemas: Como circular mercadorias para revenda de forma mais conveniente?

O pai e fundador da Ciência da Administração, Frederick Winslow Taylor, nascido em 1856, abriu mão de uma prestigiosa formação em Harvard para trabalhar em siderúrgicas em toda a Pensilvânia. Enquanto a maioria das fábricas se organizara a duras penas, por meio de regras práticas e bom senso, Taylor era o positivista quintessencial, que buscava medições validadas cientificamente, ou *propriedades*. Ele acompanhava trabalhadores e apertava o cronômetro toda vez que eles começavam e paravam, medindo o tempo que levavam para completar cada ação de transportar as enormes cargas de minério de ferro. Durante seu período de enorme sucesso nas siderúrgicas, Taylor extraiu os princípios gerais de gestão que usou para criar o primeiro estudo de caso de negócios do mundo. Não demorou muito até surgir uma parceria entre a Harvard's School of Applied Science e sua nova Faculdade de Administração. Será que Taylor poderia transformar sua experiência em algo que a faculdade pudesse ensinar aos jovens alunos sobre produtividade? Nascia o *taylorismo*, com base na seguinte premissa:

> Para trabalhar de acordo com as leis científicas, a Administração precisa assumir o controle e realizar grande parte do trabalho atualmente conferido aos homens; quase todas as ações do trabalhador devem ser precedidas de uma ou mais ações preparatórias da gerência, o que lhe permitirá executar o trabalho melhor e mais rápido.

O desafio de cronometrar o transporte de minério de ferro parece estranho quando comparado com as complexas cadeias de suprimentos globais de hoje. Ainda assim, os princípios gerais do

Taylorismo formam o pilar básico do MBA moderno: a perfeição do fluxo de trabalho, a análise passo a passo do comportamento, a crença de que as pessoas normalmente trabalharão mais com incentivos financeiros. Claro que, hoje em dia, o Taylorismo no chão de fábrica foi substituído — primeiro, no Japão, depois, no resto do mundo — pelos princípios da manufatura "enxuta". Mesmo assim, o positivismo lógico, ou pensamento-padrão, manteve as rédeas do resto do mundo dos negócios durante o último século. É de se admirar? Cada vez mais, o positivismo lógico continua a funcionar muitíssimo bem, a gerar lucros e intervir no sistema para aumentar a produtividade.

Para a maioria, o pensamento-padrão é tão familiar — como o próprio ar que respiramos — que já não somos capazes de explicá-lo ou mesmo de enxergá-lo. Por essa razão, se realmente quisermos entender por que continuamos a compreender mal as pessoas, precisaremos nos desfazer das premissas fundamentais que formam nossa cultura preponderante. Em quê exatamente *consiste* uma terça-feira normal?

Hipótese 1: As pessoas são racionais e muito bem informadas

Você é um bom motorista? Se for como a maioria das pessoas, provavelmente se achará acima da média. Uma famosa pesquisa feita pelo psicólogo sueco Ola Svenson mostrou que mais de 90% das pessoas na Suécia e nos Estados Unidos se acham melhores que a média dos motoristas. Um estudo parecido, realizado alguns anos depois, perguntou aos executivos se eram bons no gerenciamento de seus negócios. Uma vez mais, a grande maioria dos líderes empresariais respondeu que eram melhores que a média dos executivos do mercado. Matematicamente, 90% não pode ser melhor que a média. Sendo assim, ou as pessoas não estavam dizendo a verdade ou não sabiam como responder à pergunta.

A pesquisa de Svenson mostra o que acontece quando você reduz algo complexo e com nuances — como ser um bom motorista — a uma pergunta simples e mensurável: Você é um motorista acima da média? A pesquisa revela que as pessoas sequer imaginam como dirigem em relação aos demais motoristas. Da mesma forma, a maioria normalmente não tem a menor ideia sobre qual máquina de lavar prefere, a quantidade de comida orgânica que compra, em quais marcas confia, se o serviço em uma loja é bom ou qual tipo de café é o melhor. As pessoas podem ter opiniões sobre essas questões — assim como julgam as próprias habilidades ao volante —, mas não *sabem*.

Uma das consequências não intencionais da resolução de problemas ao testar hipóteses lógicas é que você é obrigado a pressupor que as pessoas tomem decisões de forma racional: cientes de suas necessidades, muito bem informadas sobre todas as opções e capazes de fazer a melhor escolha. A razão é simples: é muito difícil testar uma hipótese sobre o que você não consegue medir de forma objetiva. É ainda mais difícil testar algo extremamente pessoal, não decodificável em descrições explícitas e que exige muita interpretação. Pense na pergunta "Você é um bom pai?" ou "Você tem bom gosto?". Uma resposta simples não contém a parte mais relevante sobre criação de filhos ou bom gosto.

Para lidar com esse problema, as empresas têm como base para a resolução de problemas o que *pode* ser descrito, quantificado e analisado de maneira objetiva, sem muita interpretação. Em 2011, foram gastos globalmente mais de $18 bilhões para entender os consumidores. A maior parte desse dinheiro foi investido em pesquisas nas quais se perguntava diretamente às pessoas sobre seus desejos e opiniões: pesquisas quantitativas, grupos de discussão, análise conjunta, análise de percepção, monitoramento de marca e questionários sobre satisfação dos clientes. Mas o que todos esses estudos querem dizer sobre a verdadeira experiência humana e a realidade?

Fizemos um interessante experimento recentemente. Queríamos entender quais aspectos da humanidade eram revelados quando se perguntava diretamente às pessoas sobre suas opiniões, comportamentos, gostos, escolhas, necessidades e assim por diante. Depois de analisar centenas de pesquisas de mercado, descobrimos apenas dois: percepção e desejo. A maioria das conclusões desses estudos se fundamentava na percepção dos entrevistados em relação à realidade. Por exemplo: "Qual dos seguintes salgadinhos é mais gostoso?", "Quanto você compraria a mais de um produto se o preço fosse 20% mais baixo?" e "Você acha que a comida orgânica é mais saudável?"

Por outro lado, as pesquisas observavam os desejos das pessoas: "Que marca você prefere?", "Que tipo de carro você quer?", "Que tipo de anfitrião é você?" e "Como você gostaria que fosse a sua casa?"

Não há nada de errado em perguntar às pessoas sobre suas percepções e desejos — pode ser bastante revelador e elucidativo —, mas será que percepções e desejos são os únicos aspectos importantes da humanidade? Mesmo que decidíssemos que sim, esse tipo de pesquisa de mercado nos proporcionaria um entendimento de como eles funcionam?

Às vezes, temos ideias muito claras sobre nossos desejos e percepções. Alguns, inclusive, até fazem extensa pesquisa antes de uma grande compra, mas é raro. Mesmo a pessoa mais frugal e comedida raramente entende bem o que quer e, menos ainda, o mercado. Ainda mais raro, é o consumidor que tem certeza do que quer e, de fato, compra exatamente aquilo. As pesquisas mais recentes que avaliam como as pessoas compram revelam que somos, de longe, as criaturas mais caóticas. Dificilmente sabemos o que queremos. Quase nunca conseguimos entender bem o mercado e, ainda mais importante, quase sempre compramos algo a um preço diferente do que esperávamos. Até as pesquisas sobre pessoas que fazem listas de compra por escrito (leite, ovos, maçãs etc.) revelam que elas se dispersam assim que chegam ao supermercado.

Entre os três tipos observados de situações que envolvem as intenções dos consumidores, cada um tem um grau diferente de racionalidade e informação. A comunidade de negócios direciona a maior parte de atenção e dinheiro à pesquisa para o primeiro tipo de situação. Embora seja o mais fácil de ser estudado, é o menos relevante para compreender o comportamento do consumidor.

Intenções completamente conscientes, completamente implementadas

Você sabe o que quer, entende o mercado e usa seu conhecimento para comprar: "Sei que quero óculos Ray-Ban dobráveis. Agora só preciso encontrar o melhor preço e o melhor prazo de entrega." Esse é o tipo de intenção que pode ser estudada em uma pesquisa ou grupo de discussão. O participante conseguirá falar sobre suas necessidades com clareza e responder corretamente às perguntas.

Intenções completamente conscientes, implementadas de maneiras inesperadas

Durante os últimos 15 anos, o fogão a gás com seis bocas e as bancadas de granito se tornaram símbolos essenciais em milhões de lares americanos. Eles representam os jantares gourmet em família e um lar equilibrado. A realidade é que essas peças raramente são usadas, pelo menos não tanto quanto o micro-ondas escondido no armário ou os cardápios de pratos prontos para viagem, presos na geladeira.

As pessoas acham que cozinham bastante, mas não é verdade. Não que queiram mentir para os outros; apenas mentem para si mesmas. Com certeza, há nichos de mercado que flanam entre segmentos que vão de produtos agrícolas a sorvete caseiro, mas são poucos e distantes entre si.

Tomemos como exemplo o automóvel. Comprar um carro é importante para muitas famílias e, normalmente, envolve uma grande pesquisa antes da compra. Mas, se você estudar como as decisões são realmente tomadas, um processo de negociação altamente complexo na família em geral determina a verdadeira compra. As pessoas irão definir seus principais critérios de escolha, mas acabarão comprando um carro completamente diferente só porque "parecia certo" ou "minha esposa gostou".

No mundo dos eletrônicos de alta fidelidade, as equipes de venda até usam o que chamam de WAF (Wife Acceptance Factor – Fator de Aceitação da Esposa) ao elaborar uma oferta de aparelhos de televisão ou rádio. O homem da casa pode ter uma intenção sobre o que comprar e ter passado várias noites pesquisando os decibéis e megabits apropriados, mas, quando chega a hora da compra, acaba levando algo bom para a casa e a família. Para simplificar, normalmente há uma distância enorme — às vezes, hilária - entre o que as pessoas dizem e o que fazem.

Sem intenções reais, muitas implementações

Embora muitas empresas achem que bebidas adoçadas, sistemas de alta fidelidade ou até mesmo a política sejam os fatores mais importantes do mundo, ainda estamos por encontrar uma empresa que não tenha superestimado o interesse dos consumidores em relação a seu produto ou categoria. Os clientes não se importam tanto com a higiene bucal quanto as pessoas que trabalham em empresas da área. O mesmo vale para tênis ou móveis. Não que as pessoas não se importem com nada, apenas não se importam tanto quanto a maioria das empresas imagina. Na maior parte das vezes, elas não se preocupam. Quando compram um tipo de chocolate em vez de outro, normalmente não é porque tenham forte preferência por uma marca. Em geral, é porque o chocolate estava mais ao alcance no balcão, tinha uma cor que agradava ou simplesmente a embalagem era do tipo "leve dois e pague um". A boa notícia para as empresas é que compramos muito. A má é que nem sempre sabemos por quê.

Hipótese 2: O amanhã será como hoje

Quantas vezes ouvimos que algum aspecto do pensamento-padrão nos tirará da escuridão, da Idade Média dos negócios, para uma era científica moderna de otimização? O inconsciente coletivo, a crença popular, anos de experiência e intuições podem ter sido usados no passado, mas tudo está sendo substituído pela brilhante luz do rigor científico e da verdade objetiva. Um bom exemplo dessa atitude pode ser encontrado em um artigo de 2006 da *McKinsey Quarterly*. Ao identificar tendências que moldarão o ambiente de negócios, o artigo diz que a própria administração passará de arte a ciência:

> Os dias do estilo de gestão "por instinto" ficaram para trás há muito tempo. Os líderes de negócios da atualidade estão adotando técnicas algorítmicas para a tomada de decisões e usando softwares extremamente sofisticados para administrar as organizações. A administração científica está passando de uma habilidade que cria vantagem competitiva para as fichas que dão às empresas o direito de apostar.

Aparentemente, o mundo se tornou tão complexo e turbulento que os gestores já não conseguem mais administrar um negócio usando seu profundo conhecimento do setor ou a experiência geral. Em vez disso, a própria administração se tornará semelhante às ciências da computação.

Essa visão de que a gestão é um tipo de tecnologia baseada em princípios científicos está muito difundida no pensamento empresarial de hoje. "A ciência revolucionou todas as disciplinas que atingiu; agora, é a vez do marketing", diz a quarta capa do livro *How Brands Grow*. O psicólogo Paco Underhill revela a "ciência das compras" no best-seller *Vamos às compras! A ciência do consumo nos mercados globais* (Rio de Janeiro: Elsevier, 2001), e o escritor Kevin Hogan nos conta como influenciar outras pessoas em apenas oito minutos, no livro *Você pode influenciar pessoas. O segredo do sucesso: persuasão e influência* (São Paulo: Futura, 2006).

Quando líderes visionários usam a palavra *ciência* para descrever áreas de administração como marketing, concepção de varejo, habilidade em negociação ou estratégia, somos levados a acreditar que esses campos podem ser fundamentados nas verdades científicas. A ciência das compras tem as mesmas leis universais que a teoria da seleção natural de Darwin?

Vejamos um exemplo. Uma editora sabe, de antemão, que, se a Barnes & Noble concordar em colocar determinado livro em uma mesa de destaque na entrada da loja — em vez de em uma prateleira, digamos, na seção de livros de Administração —, as vendas podem disparar em mais de 100%. Começar com essas ferramentas estatísticas e uma clara hipótese sobre como melhorar as margens é muito mais tranquilo que ficar perdido em um confuso processo de coleta de dados aparentemente incompreensíveis. Essa estratégia funciona muitíssimo bem nos níveis mais baixos de incerteza. Raramente temos de perguntar: "De onde surgiu essa hipótese?" Mas, ao pressupor que a hipótese se baseie em algum tipo de lei universal, acabamos nos enganando ao acreditarmos que as premissas do momento atual também serão verdadeiras no futuro. Nessas situações, a ideia de que a administração seja um tipo de ciência natural nos deixa cegos, em vez de abrir nossos olhos.

Um bom exemplo é a tentativa de transformar a área de branding (reconhecimento da marca junto ao público) em uma ciência. Em

2003, os autores do artigo "Better Branding" afirmavam terem inventado uma nova abordagem científica para criar marcas fortes. "O pessoal de marketing confia demais na intuição", escreveram.

"A chave para criar marcas de forma mais científica é combinar uma segmentação de mercado voltada para o futuro, com melhor entendimento dos clientes e uma identidade de marca." Os autores vão adiante e alegam que, no atual ambiente de negócios, é difícil se destacar como marca. Gastar mais com marketing será um desperdício de dinheiro, afirmam. Em vez disso, os profissionais da área deveriam usar sofisticadas técnicas científicas para entender as necessidades dos clientes e a identidade da marca. "Em resumo, alcançar o próximo patamar exige uma vantagem mais sólida e fundamentada em dados para as iniciativas de branding."

Até aqui, tudo bem.

A técnica de branding científico, conforme nos disseram, serve para processar a infinidade de dados sobre as recentes tendências dos consumidores e para descobrir novas inclinações que criarão lucrativos segmentos de consumidores no futuro. Por exemplo, os autores defendem a ideia de que o crescimento da dieta de Atkins pode ser usado para calcular e abordar um segmento de mercado completamente novo. Eles alegam que, como 15 milhões de pessoas seguiam a dieta de Atkins (em 2001), uma empresa poderia prever o crescimento de um novo segmento de cafés da manhã com alta ingestão de proteína ao estimar "as taxas de obesidade, o número de livros vendidos de Atkins, as taxas de crescimento nos principais mercados que seguem o Atkins e as trajetórias de adoção de dietas malucas no passado". Os autores reconhecem que essas estimativas são incertas e alertam o pessoal de marketing para incluir uma margem de erro de, aproximadamente, 20%.

Espere um minuto. Você disse dieta de Atkins? Esse será o futuro da alimentação?

Segundo um artigo publicado no *The Washington Post* — apenas três anos após a invenção da abordagem científica de branding —, a febre do baixo teor de carboidrato começava a diminuir, e a dieta de Atkins vinha perdendo seguidores rapidamente. "Como Atkins se tornou um fenômeno cultural, centenas de empresas, grandes e pequenas, correram para aproveitar a popularidade do programa. Elas criaram e comercializaram muito mais produtos com baixo teor de carboidrato que o número de pessoas dispostas a consumi-los, incluindo versões para o mercado de misturas para bolos, biscoitos, massas, pães e vários outros tipos de alimentos proibidos na rigorosa dieta de baixo teor de carboidrato."

Até 2004, o mercado de alimentos com baixo teor de carboidrato caiu pela metade e, apenas um ano mais tarde, desapareceu completamente. Centenas de empresas faliram, e milhões de dólares em investimentos no segmento foram desperdiçados.

Se você tivesse seguido o conselho dos autores de "Better Branding", também estaria encrencado. Talvez uma margem de erro de 100% tivesse sido mais precisa?

Hipótese 3: As premissas são objetivas e imparciais

Quase todos os setores aceitam um conjunto de hipóteses sobre os clientes, a lógica do setor ou a maneira "como fazemos aqui". Essas premissas normalmente demonstram as estruturas conceituais mais básicas para discussão:

- Quem são nossos clientes?

- O que eles compram?

- Quais são os benefícios básicos de nossos produtos?

Seguem alguns exemplos.

Na indústria de brinquedos, a ideia dominante é que as crianças não fixam a atenção durante muito tempo e precisam de brinquedos que estimulem seu desejo de *tração instantânea*. Supõe-se que um brinquedo deva chamar a atenção da criança na loja sem que ela precise ter qualquer habilidade para brincar com ele. Outra premissa é que os brinquedos físicos estão perdendo terreno para os digitais porque os primeiros são muito monótonos e não estimulam o suficiente.

Na verdade, ao estudar as crianças — e se você ler grande parte da literatura acadêmica sobre elas —, provavelmente chegará a uma conclusão totalmente oposta: elas são extremamente motivadas por experiências com brincadeiras que exigem habilidade e domínio e que possam lhes proporcionar uma sensação de hierarquia e conquista. Os brinquedos digitais estão se tornando mais populares exatamente porque exigem um conjunto de habilidades altamente sofisticado; podem ser usados durante centenas de horas e dão aos jogadores um feedback claro, com níveis e hierarquias.

Em 2002, durante uma reunião com um grupo de executivos da empresa dinamarquesa Bang & Olufsen — fabricante de televisores e sistemas de som de alta tecnologia —, sugerimos que talvez fosse interessante para eles entender como o hábito de ouvir música estava mudando. A música estava deixando de ser o ponto central da casa e se tornando uma experiência mais flexível e móvel. Um dos executivos nos olhou e disse: "Tudo bem, mas não é assim que trabalhamos neste setor." É curioso observar que não foi o setor audiovisual que tornou a música digital móvel. Mas poderia ter sido.

Em projetos para hospitais, a ideia principal é que itens como camas, elevadores, *slings* (espécie de carregador suspenso de tecido) e banheiros sejam projetados para ajudar o deslocamento dos pacientes sem que eles se machuquem. Em outras palavras, os equipamentos são projetados com fins ergonômicos e com a visão de que os pacientes dos hospitais são corpos inativos que precisam ser movidos de forma eficiente e segura. Com *slings* desenvolvidos com base nessa premissa, três ou quatro enfermeiros demoram 20 minutos para ajudar um paciente, digamos, a ir ao banheiro.

Essa concepção ensina rapidamente ao paciente que ele não é um ator no processo de cura. O equipamento informa que o internado é um objeto com o qual os demais devem lidar. Mas envolvê-lo na sua mobilidade ajuda a curá-lo com maior rapidez e diminui o número de acidentes de trabalho relacionados com o corpo de enfermagem do hospital. Sem contar que proporciona uma experiência muito melhor para o paciente. Se o setor baseasse seus projetos na premissa de que as pessoas não são apenas corpos — mas atores do próprio processo de cura —, os hospitais proporcionariam uma experiência muito diferente.

Muitas empresas desenvolveram um conjunto de premissas sobre a geografia do mundo. Nos velhos tempos, o globo costumava ser dividido em Europa, Estados Unidos e RoW (Rest of the World – Resto do Mundo). Essa divisão, é claro, criou grandes tendências na alocação de investimentos e talentos. Hoje em dia, a maioria das empresas abandonou essas classificações, mas continua tendo uma região APAC (Ásia-Pacífico, Austrália e China). Embora esse grupo esteja geograficamente relacionado, o agrupamento do segundo país mais desenvolvido do mundo com os dois maiores BRICs, assim como as *sui generis* Coreia e Cingapura, leva a um entendimento muito superficial de como várias partes dessa região realmente funcionam. O resultado é um subinvestimento sistêmico de capital, pessoas e tempo.

O antropólogo francês Pierre Bourdieu cunhou o termo *habitus* para descrever as disposições, de alguma forma escondidas, mas sempre presentes, que moldam nossas percepções, pensamentos e atos. Em sua visão, muito do que consideramos inconsciente coletivo é, na verdade, moldado pelo contexto social no qual estamos inseridos. Ao longo do tempo, aprendemos a classificar as situações como normais ou corretas por meio da nossa interação com a família, a sociedade, os amigos, os colegas de trabalho, e nossas percepções se tornam um tipo de entendimento automático do mundo que nos permite agir com normalidade sem realmente pensar.

Com o passar do tempo, as empresas também criam ideias sobre o mundo com base no senso comum. Determinadas questões são consideradas certas, jamais contestadas: por exemplo, a ideia de que projetistas e engenheiros jamais se entenderão ou que os escritórios abertos oferecem mais oportunidades de colaboração.

Em uma reunião com um diretor de marketing de uma empresa da área de saúde, discutimos como a organização deveria abordar os muito incertos, porém crescentes, mercados da China e da Índia. Fizemos uma pergunta: A empresa deveria abordar os diferentes segmentos de mercado na China e na Índia de maneiras distintas? Em menos de 10 minutos, o diretor de marketing colocou nossa pergunta em discussão e resolveu com uma hipótese. Dirigiu-se ao quadro branco e escreveu seis critérios que a empresa poderia usar para segmentar o mercado: tamanho, preço, canais, geografia, finanças e clientes. Depois, criou um pequeno gráfico em forma de pizza para cada um desses fatores e pediu aos participantes da reunião que preenchessem o gráfico pela relevância de cada critério. Um a um, os gráficos foram preenchidos, e então o modelo correto de segmentação foi escolhido. No tempo que se leva para tomar uma xícara de café, eles formularam uma hipótese sobre como segmentar os dois mercados. Esse quadro seria o guia para todas as análises quantitativas a seguir. Tudo correu de acordo com o senso comum de marketing, apesar do fato de que ninguém na empresa jamais houvesse trabalhado na China ou na Índia.

Uma empresa pode achar que criou um conjunto objetivo de hipóteses possíveis para testar. Contudo, a verdade é que cada suposição sempre está baseada em algo, em geral, o produto da cultura, não da ciência. Se estiverem muito bem enraizadas no nosso entendimento cultural, nossas premissas poderão se tornar ainda mais arraigadas. As pessoas tendem a buscar opiniões e fatos que sustentem suas hipóteses e crenças originais, o que os psicólogos cognitivos chamam de *viés de confirmação*, fenômeno que pode se manifestar de três formas. Primeiro, pode influenciar a criação da hipótese quando escolhemos uma teoria que sustenta uma convicção já existente. Segundo, pode influenciar o processo de avaliação. Normalmente, aceitamos as evidências que sustentam uma hipótese pré-concebida muito rapidamente, enquanto os indícios contrários estão sujeitos a uma rigorosa avaliação. Terceiro, jogam com nossa memória. Tendemos a nos lembrar somente daqueles fatos e experiências que reforçam nossas premissas, fenômeno ao qual os psicólogos se referem como *memória confirmatória*.

Tudo isso significa que nossas hipóteses quase nunca estão fundamentadas na verdade objetiva. Embora reconhecer esses desvios pareça perturbador, a consciência do problema pode finalmente nos ajudar a resolvê-lo, pois nos encoraja a questionar tudo sobre nossa busca pelos momentos de clareza. Na grandiosa obra de não ficção de Leon Tolstói, *O reino de Deus está em vós* (Rio de Janeiro: Rosa dos Tempos, 1994), ele escreve: "Os assuntos mais difíceis podem ser explicados para o homem com o raciocínio mais lento se ele ainda não tiver qualquer ideia formada sobre eles; porém, o mais simples não pode ser esclarecido ao homem mais inteligente se ele estiver completamente convicto de que já sabe, sem sombra de dúvida, o que está diante dele."

Se você não estiver aberto ao questionamento das hipóteses mais básicas sobre a empresa e os clientes, correrá o risco de perder as novas ideias que significarão o futuro do negócio.

Hipótese 4: Os números são a única verdade

Você não precisa passar muito tempo na sede das empresas para descobrir que os números são muito importantes. A maioria das organizações é completamente obcecada com a análise quantitativa. Os especialistas lançam previsões de crescimento com base nos grandes modelos quantitativos, e os estrategistas sugerem os rumos que a empresa deve tomar com base nas previsões quantitativas dos mercados e de crescimento. O pessoal de P&D define o plano de ação tecnológico depois de analisar os cálculos de investimento do valor presente líquido dos investimentos alternativos, enquanto o pessoal de marketing decide sobre o posicionamento das marcas em função das pesquisas quantitativas de consumidores nos diferentes mercados. Hoje em dia, é quase impossível tomar alguma decisão sem se basear nos números. Até mesmo os balcões de atendimento não estão imunes a essa veneração. É comum ver grandes telas nos saguões que mostram, a cada segundo, as subidas e quedas nos preços das ações. A análise quantitativa é o coração do modelo-padrão de resolução de problemas e a alma da maioria das estratégias.

Esse tipo de análise se tornou tão dominante que as empresas normalmente esquecem que o mundo é formado não só por quantidades, mas também por qualidades. Roger Martin, reitor da Rothman School of Management, afirma que as empresas não conseguirão encontrar todo o potencial de oportunidades de crescimento se mantiverem o foco somente nos modelos quantitativos: "A grande fraqueza da abordagem quantitativa é descontextualizar o comportamento humano, tirar um acontecimento de seu cenário real e ignorar os efeitos das variáveis não incluídas no modelo."

O pensamento-padrão classifica o mundo em propriedades: qual é o tamanho do mercado, quantas pessoas comprarão nossos produtos, quantas conhecem nossa marca, qual segmento está crescendo mais rápido, qual localização geográfica é mais lucrativa, quais clientes são mais fiéis e quais tecnologias são mais utilizadas.

Todas são perguntas interessantes que podem ser respondidas com números, mas cada uma tem um lado qualitativo talvez revelador. Por exemplo, é bom saber que X% dos clientes estão satisfeitos com sua marca, mas você também precisa saber como é a experiência de interação com a empresa. É útil saber que X% da população têm um smartphone, mas como as pessoas estão usando essa tecnologia? Talvez você saiba que 200 milhões de chineses estão se tornando classe média, mas você sabe o que significa isso na China?

Como consultores, já testemunhamos que os números têm um status quase mágico nas empresas. Certa vez, dissemos a um CEO (Chief Executive Officer) que, com base na nossa experiência, cerca de um em cada três projetos de inovação fracassava. Era uma estimativa rápida, que oferecemos como parte de uma prova empírica. Depois de algumas semanas, descobrimos que nosso chute havia se transformado em "30%" — nosso comentário informal se tornara um número mágico no departamento de P&D da empresa. Foi até descrito na diretriz tecnológica da empresa como fato. Todos falavam da "taxa de fracasso de 30%". Havia até mesmo um cálculo que avaliava os fatores de risco em um projeto específico de inovação e a que distância ele se encontrava do risco médio (fracasso de 30%).

O número de 30%, parte minúscula de uma conversa maior que tivemos sobre inovação, não era tão importante no contexto geral. Mas, como era o único aspecto quantificável, se tornou importante. De alguma forma, a empresa era muito menos crítica em relação às observações quantificáveis que aos insights qualitativos.

Quando uma empresa está em uma situação extremamente incerta e ambígua, a compulsão por quantificar tudo pode se tornar contraproducente. A quantificação tende a dar uma resposta correta, mas quando nos baseamos em dados já disponíveis, ela não fornece qualquer insight sobre o que realmente está acontecendo no momento. É especialmente problemático quando as empresas tentam lidar com o futuro com uma abordagem de análise quantitativa. Quase todas as análises de dados tratam de triturar dados do passado e inferi-los para o futuro. Por razões óbvias, o passado não inclui dados sobre o que não aconteceu ou ideias ainda não pensadas. Como resultado, a análise dos dados sobre o futuro tende a subestimar ou até mesmo ignorar condições ou acontecimentos passados imensuráveis e, ao mesmo tempo, *superestimam* os que podem. Em nenhum outro lugar, essa questão é tão visível quanto nos estudos de casos de negócios.

A maioria dos casos de negócios tenta calcular o valor futuro de um produto formulando um conjunto de hipóteses sobre o futuro consumidor, o mercado e uma série de outros fatores, o que permite à empresa estabelecer a prioridade dos projetos que irá implementar de imediato e quais deixará para depois. Por exemplo, você pode tentar calcular o mercado futuro para um novo tipo de bebida com proteína. Para calcular o valor, você estabelece várias hipóteses sobre quais clientes iriam querer o produto, quanto estariam dispostos a pagar, em que ano o produto seria lançado, com que rapidez as pessoas o adotariam, qual seria sua participação de mercado e assim por diante. Uma vez que as premissas estejam determinadas, você basicamente busca dados interessantes sobre os produtos e tenta calcular um valor de mercado futuro, inferindo os dados futuros com base em suas suposições. O resultado, com frequência, é um número exato sobre o tamanho da oportunidade, normalmente citado em cifras muito precisas, como €347,5 milhões. O caso de negócios está presente em um formato bem estruturado, lógico e convincente, cheio de tabelas, gráficos, fórmulas, avaliações de risco e outros sinais de confiabilidade quantitativa. Quando você vê um desses casos pela primeira vez, é como se estivesse diante de uma catedral de aço na forma de uma sessão estratégica: sólida, impressionante, completamente irrefutável. Mas, se observar o *significado qualitativo* do caso de negócios e os cálculos que o corroboram, por certo descobrirá que se trata de uma catedral de aço construída sobre areia movediça.

A simples mudança de algumas das premissas dos casos de negócios pode transformar radicalmente uma ideia muito boa em um desastre total. Mude a definição do cliente, a suposição da rapidez com a qual os clientes se adaptarão ao novo produto, o período inicial histórico ou uma das variáveis ocultas normalmente consignadas nas planilhas, e tudo irá por água abaixo. Apesar de toda essa especulação, os casos normalmente são apresentados como fatos puros, precisos e previsíveis. Um alto executivo de uma indústria farmacêutica estava organizando ensaios clínicos para um novo caso de negócios. Ele nos disse: "Diga-me qual resposta você quer, e monto um caso para que ela apareça."

Ele oferecia fatos ou propriedades. Todos os números seriam corretos. Mas, você deseja ter esses números como base para seu negócio?

Do nosso ponto de vista, a obsessão quantitativa leva a uma abordagem extremamente atenuada do planejamento futuro. Tende a ser conservadora, em vez de criativa, pois implicitamente favorece o que pode ser medido em detrimento do que não pode. Isso dá às empresas a sensação de que algo é grande só porque é mensurável — a dieta de Atkins, por exemplo — e, ao mesmo tempo, as faz subestimar fenômenos ainda não quantificáveis, como a música móvel. Qual delas parece a inovação mais interessante do século XXI?

Para abraçar o futuro, o caráter *quantificável* não é o único ponto de vista relevante. O *qualitativo* também é importante.

Hipótese 5: A linguagem precisa ser desumanizante

O pensamento-padrão não só oferece má compreensão do que significa ser humano, mas também muda a maneira como as pessoas nas empresas veem a si mesmas e aumenta a distância entre a vida corporativa e a "vida real". A ciência da administração e dos negócios criou seu próprio mundo, e a linguagem empresarial tem se tornado cada vez mais técnica, introvertida e codificada. Você não demite mais as pessoas; você "ajusta a organização ao tamanho correto". Você não faz o mais fácil primeiro; você "ataca os mercados mais promissores primeiro". Você não olha os lugares que vendem seus produtos; você "avalia seu mix de canais". Você não promove as pessoas; você "alavanca os recursos humanos". Você não dá às pessoas uma bonificação; você as "incentiva". Você não faz; você "executa". Você "realiza sinergia, otimiza, alavanca, simplifica, utiliza, transforma, aprimora e reconstrói". Você evita "tirar leite de pedra, perder a mudança de paradigma, ter uma visão estreita e aumentar a complexidade". Você assegura que "os recursos são alocados para alavancar as sinergias em todas as fronteiras organizacionais, com uma mentalidade voltada para o cliente, a fim de garantir uma posição premium e, ao mesmo tempo, ter como alvo os pontos brancos no meio do oceano azul para garantir a melhor relação custo-benefício". Isso tudo pode se tornar quase poético.

O filósofo alemão Jürgen Habermas realizou uma extensa análise sobre o que acontece quando a linguagem técnica supera a do dia a dia. Ele argumenta que a mudança de uma linguagem normal, cotidiana, para o jargão técnico, específico, indica uma mudança de poder. Quando a linguagem técnica supera a linguagem simples, do dia a dia, é um sinal de que o *mundo dos sistemas* está ganhando terreno e a realidade humana do cotidiano, que ele chama de *mundo da vida*, está perdendo. Ele chega ao ponto de chamar essa mudança de colonização do mundo da vida; o cotidiano sendo colonizado por uma força de burocratização e racionalização da qual não conseguimos nos defender. Essa mudança leva a uma ideia muito mais sistemática, técnica e baseada em regras do mundo. Amplia a lacuna entre quem realmente somos e os sistemas que nos tornamos.

Quando os estudantes de Medicina são treinados para fazer cirurgias, eles passam por um procedimento no qual a linguagem é usada de forma muito deliberada. Para criar uma distância emocional entre a pessoa mais jovem, que realiza a cirurgia pela primeira vez, e o cadáver na mesa de operações, os estudantes aprendem a usar uma linguagem médica extremamente técnica para tornar a situação completamente suportável. Não se referem ao corpo como uma pessoa, ele é chamado de "o indivíduo". Para remover a pele da cabeça não se diz "remover a pele"; em vez disso, o estudante "prepara o indivíduo para a incisão". As partes do cérebro são chamadas pelos termos latinos. Essa terminologia tão complexa e exótica estimula os médicos em treinamento a afastar quaisquer sentimentos pessoais da análise científica exigida de um médico.

Devemos ser gratos aos profissionais que usam a linguagem de maneira tão profunda e proposital. Na Medicina, há uma explicação funcional para a predominância da linguagem técnica sobre a cotidiana, que permite que a profissão médica seja precisa; dá à área uma linguagem global, aplicável; e ajuda os médicos residentes a fazer o que vai além da regra. Mas, será que o executivo em treinamento precisa ter o mesmo distanciamento do mundo real? Por que estamos tentando nos distanciar das pessoas às quais pretendemos atender?

Apesar do domínio do pensamento-padrão, a maioria dos executivos também reconhece de imediato que ele nem sempre funciona. Em resposta às falhas percebidas desse método mais quantitativo e linear, muitas empresas também começaram a adotar breves períodos sabáticos dos fatos e números. Esses intervalos ocorrem na forma de workshops, retiros e sessões de debate e tentam resolver os desafios de negócios por meio de um método que muitos líderes gostam de chamar de *pensar fora do quadrado*. Essa abordagem é o negativo de uma foto do pensamento-padrão; baseia-se no conceito de que qualquer pessoa pode ter uma ideia a qualquer momento. Valoriza a geração em vez da qualidade do conteúdo, levando o brainstorming a um nível totalmente novo.

Embora o processo possa realizar maravilhas para criar confiança e empatia entre os colegas, pensar fora do quadrado e lançar mão do pensamento-padrão são fundamentalmente dois lados da mesma moeda, a que fragmenta a complexidade do comportamento humano em partes minúsculas e ignora a importância do holismo e do contexto. A moeda que continua a compreender mal as pessoas.

CAPÍTULO 3

Seja criativo!

*O método "pense fora do quadrado"
de resolução de problemas*

A NARRATIVA A SEGUIR PODE PARECER ficção, mas podemos garantir que realmente aconteceu, pois participamos do fato.

O saudável Harry Potter

"Escutem, todos", gritou o enérgico facilitador, batendo palmas ruidosamente. "Por favor, voltem às suas equipes e comecem a sugerir algumas ideias malucas."

Em uma quente manhã de agosto em 2005, 50 seletos líderes visionários estavam reunidos em uma sala de conferência. Durante dois dias, esses especialistas — escolhidos a dedo por conta de suas diversas áreas de conhecimento e métodos inovadores para resolução de problemas — se reuniram em um workshop exclusivo apresentando as diferentes formas como a criatividade e o design thinking podem resolver alguns dos maiores problemas do mundo. Entre os especialistas estavam o CEO de uma grande empresa de energia brasileira, um designer de paisagens de Londres, o diretor de uma grife de moda multinacional, o diretor técnico de uma das maiores empresas de eletrônicos do mundo, um corretor de investimentos de Nova York, um médico dinamarquês e um executivo de publicidade de Cingapura.

O que acontece quando você coloca 50 dos pensadores mais criativos do mundo em uma sala por dois dias e pede que resolvam os maiores problemas do mundo?

Os organizadores do workshop estavam convencidos de que os resultados, independentemente do formato final, seriam brilhantes. Tal era a confiança naquele fim de semana, que os organizadores marcaram uma coletiva de imprensa e convidaram um seleto grupo de investidores, oficiais do governo, executivos e acadêmicos para ouvir os resultados finais.

Orientadas por um dos maiores especialistas do mundo em design thinking e criatividade empresarial, as equipes foram bombardeadas com inspiração e um impressionante conjunto de exercícios criativos. "Nos próximos dois dias, vamos todos pensar e trabalhar como os designers", disse o líder do workshop aos participantes. "Vamos nos esforçar a pensar fora do quadrado, mergulhar fundo no universo do usuário, abrir a mente, pensar grande, esboçar centenas de soluções e desenvolver um protótipo da melhor ideia para podermos concretizá-la o mais rápido possível."

As equipes receberam um espaço de trabalho decorado com paredes móveis em cores brilhantes, pufes, bancos de bar, flip charts, vários blocos coloridos de notas autocolantes e alguns cartazes com sugestões e incentivos aos participantes fixados nas paredes. NÃO MATEM AS IDEIAS, dizia um cartaz. Outro perguntava aos participantes: "COMO VOCÊ SE SENTE?" e um terceiro encorajava os executivos: BRINQUE, DIVIRTA-SE, AVENTURE-SE.

Com os grupos acomodados em um estranho formato, que lembrava um círculo, o orientador insistiu que os participantes se abrissem e aceitassem o fato de que, nos próximos dois, todos sairiam de suas zonas de conforto: "Cada um de vocês nasceu um gênio criativo. Você foi ensinado a domar a criança criativa que habita em você, mas ela ainda está aí. Nos próximos dois dias, vamos deixá-la vir à tona para brincar."

Os grupos foram definidos, e os problemas mundiais foram distribuídos em fichas. Nossa equipe foi encarregada de conceber novas e radicais ideias para resolver os problemas de saúde do mundo. Embora a tarefa parecesse assustadora, a equipe começou o dia com energia e otimismo. Para estimular a criatividade, os organizadores do workshop contrataram uma atriz para estimular os grupos, com exercícios para quebrar o gelo e ajudando os participantes a se soltar.

"Vocês não chegarão a nenhuma ideia maluca escondidos em ternos sóbrios ou mantendo a habitual lógica racional", disse ela. "Como atriz, sei que, para ser criativo, você tem de agitar. Para começar, sugiro que vocês troquem alguns abraços calorosos."

Apesar da animação presente naquela manhã, esse pedido foi recebido sem o menor entusiasmo. Desajeitadamente, os executivos começaram a se abraçar, fazendo de tudo para tocar o mínimo possível no outro.

"Não tiveram uma ótima sensação?"

Alguns dos participantes concordaram. Ela apontou para o cartaz que dizia: COMO VOCÊ SE SENTE?

"Não seria ótimo começar todos os dias dessa maneira?", perguntou. "Ir para o escritório de manhã e dar um caloroso abraço nos outros? Tenho certeza de que haveria muito mais criatividade na empresa se isso acontecesse."

Então, a moça abriu uma bolsa e tirou um objeto. Era uma batata. Ela pediu para o grupo se acomodar em um círculo e passar o tubérculo para o vizinho como se fosse um objeto sagrado: "Isto não é uma batata. É um objeto mágico que você pode usar para obter novas ideias. Tentem forçar uma ligação entre os problemas de saúde do mundo e a batata e vejam o que acontece. Eu começo."

A atriz pegou a batata e analisou-a.

"Estou pensando que o mundo teria muito menos pessoas doentes se comêssemos mais vegetais", afirmou.

O facilitador rapidamente escreveu essas palavras em uma nota adesiva e a colocou na parede. "Primeira ideia registrada!", disse. "Vamos comemorar!"

Ele começou a bater palmas, e os participantes relutantemente o seguiram. A nota trazia as seguintes palavras em caixa alta: COMA MAIS VEGETAIS.

Agora era a vez dos participantes. O primeiro — um investidor do mercado financeiro — estava claramente com dificuldades em estabelecer uma conexão da batata com os problemas de saúde do mundo. Ele lutou e quase vacilou, pois o clima no chamado espaço criativo estava tenso, e as pessoas temiam as consequências. Mas ele tinha de dizer algo.

"Potato (batata) começa com P... P de Parkinson, poliomielite, pandemia, pânico", sussurrou. Então, ele olhou para cima e reagiu como se tivesse sido atingido por um raio. "Bingo! *Pacientes*!", gritou, talvez um pouco alto demais e visivelmente aliviado. OS PACIENTES EM PRIMEIRO LUGAR, dizia a segunda nota.

Depois de cerca de 30 minutos, a equipe produziu nada menos que 15 ideias sobre como resolver os problemas de saúde do mundo — todas ligadas à batata.

"É apenas a ponta do iceberg", disse o facilitador. "Agora começa a diversão para valer. Nas próximas 36 horas, a maioria de vocês se sentirá como se estivesse em uma montanha-russa. Vamos passar por todo o processo de design criativo, que normalmente demora um ano. Vai ser difícil, mas divertido."

Um dos participantes — um clínico geral, famoso por seu trabalho com pacientes diabéticos — foi ficando cada vez mais incomodado com a situação. Estava sentado com os braços cruzados e olhava de esguelha a cada pérola da "lógica da batata" proferida na roda.

"Não tenho certeza se entendi a lógica aqui", finalmente interrompeu. "Até onde sei, sou a única pessoa neste grupo com experiência como profissional de saúde. Não sou nenhum especialista. Não que eu não respeite os demais integrantes da equipe, mas não consigo ver como esse grupo pode apresentar ideias para resolver os problemas de saúde do mundo, quando nenhum de nós tem experiência real na área. Quero dizer, ainda não definimos quais são os problemas de saúde do mundo."

Uma sombra de decepção e preocupação pairou no rosto do facilitador, pela primeira vez durante todo o dia. "Entendi o que você está dizendo", murmurou. "Suas preocupações são válidas. Vamos escrevê-las em um flip chart e ver se podemos transformá-las em novas ideias mais adiante. Talvez haja uma descoberta oculta em seus pensamentos."

Ele parou para escrever algo em caixa alta e depois voltou a falar com o médico. "A propósito, não se preocupe com a diversidade do grupo. Todas as pessoas são criativas, e, quanto maior o número de ângulos de visão sobre o problema, mais ideias poderemos ter."

O workshop continuou. A equipe foi levada para um tour em um hospital.

"Tirem muitas fotos e documentem tudo que virem", incentivou o facilitador. "Façam de conta que são moscas na parede e mergulhem profundamente no mundo dos usuários."

Os 15 membros do grupo foram convidados a observar uma paciente acamada. Eles se aglomeraram no espaço apertado, alguns em torno da cama, outros praticamente sentados no parapeito da janela, alguns quase entrando no banheiro. Obedecendo às orientações, tomaram notas e tiraram fotos, o tempo todo fazendo o possível para manter a discrição. Moscas na parede...

De volta ao workshop, outro exercício nos aguardava. Na parede, havia dois grandes cartazes com desenhos de flores que lembravam margaridas.

"Esta é a flor dos insights", disse o facilitador.

A equipe deveria preencher as seis pétalas da flor com os insights obtidos durante o tour no hospital. Em um cartaz, estava escrito A SAÚDE HOJE, enquanto o outro dizia A SAÚDE AMANHÃ. Os membros da equipe começaram a discutir o que realmente viram no hospital, tentando resumir os insights para que coubessem em uma pétala.

O CEO da empresa de energia foi rápido e logo começou: "Acho bastante claro. O sistema de saúde não está focado no cliente. Aposto que um hotel tem custos 10 vezes mais baixos por cliente que um hospital e, ainda assim, o serviço é 10 vezes melhor." Como vários participantes assentiram, o CEO tomou coragem, caminhou até a flor e escreveu na primeira pétala FALTA DE FOCO NO CLIENTE.

Em 45 minutos, as flores estavam preenchidas. O sistema de saúde de amanhã seria "focado no paciente", "otimizado e conectado". Seria um "sistema holístico de saúde" que "priorizaria a prevenção".

O médico franziu a testa quando a última pétala foi preenchida. "O que essas palavras têm a ver com o que vimos no hospital?", perguntou.

"Bom comentário", disse um dos outros participantes. "Vamos escrever no flip chart."

Hora do brainstorming.

Os participantes passaram por uma série de exercícios com nomes como Saucy Thinking (ideias atrevidas), Random Words (palavras aleatórias) e Angel and Devil (anjo e demônio). Após três horas de exaustivo brainstorming criativo, a equipe produziu nada menos que

300 notas com ideias. A parede ficou coberta por um verdadeiro arco-íris de criatividade.

"É incrível", disse o CEO da empresa de energia. "Nunca tivemos tantas ideias assim em toda a história da minha companhia."

Mas quando a equipe foi convidada a votar nas melhores ideias e chegar a um cenário global em meio àquele amontoado de papel, o sentimento de realização logo se transformou em frustração. Não parecia haver um padrão claro nas ideias, muitas das quais abstratas demais quando retiradas do contexto.

O facilitador sugeriu que escolhêssemos entre três e cinco títulos para o cenário global entre as três centenas de notas. "É como resolver um desses quebra-cabeças em que devemos ligar os pontos", disse ele.

O primeiro grande tema apontado foi o problema de saúde infantil. "Se pudermos ao menos ensinar nossos filhos a comer alimentos saudáveis, praticar exercícios diariamente e evitar o fumo e o álcool, poderíamos resolver grande parte dos problemas de saúde do mundo", disse o CEO da companhia de energia. O médico finalmente concordou. Na verdade, cigarros, álcool e sedentarismo podem explicar muito sobre o que leva as pessoas ao diabete. Outros possíveis temas incluíam água potável para a população pobre, assistência médica centrada no paciente, medicina acessível para o mundo em desenvolvimento e a otimização dos serviços de saúde.

Mas já eram 20 horas e a equipe estava ficando cansada. "Vamos escolher essa ideia das crianças", sugeriu um dos participantes. Todos concordaram e assim puderam ir para casa.

Na tarde seguinte, centenas de pessoas começaram a se reunir no espaço reservado ao workshop criativo para ouvir os resultados finais. Parecia que um verdadeiro furacão de criatividade havia varrido o auditório, com notas coladas aqui e ali, os primeiros esboços e desenhos nas mesas, nos pufes — ainda desarrumados depois de longas horas de uso -, espalhados em pilhas aparentemente intermináveis, instrumentos musicais peculiares e brinquedos infantis por toda parte. Todo mundo esperava com expectativa para saber como as mentes mais criativas do mundo iriam resolver os aparentemente insolúveis desafios da saúde mundial.

A equipe de cuidados de saúde trabalhou arduamente o dia todo na apresentação, mas encontrou dificuldades para chegar a uma estratégia coesa. À medida que a hora da apresentação se aproximava, todos os integrantes do grupo temiam o momento em que teriam de se levantar e discorrer sobre uma lista de sugestões confusas e sem a menor estrutura real. Felizmente, como por mágica, um dos participantes evocou o Harry Potter. De repente, cada componente, que antes parecia aleatório, se encaixou em uma estrutura brilhante.

Como Harry Potter poderia ajudar as crianças a viver de modo mais saudável?

A equipe pediu que alguns estudantes de design ajudassem o grupo a visualizar a ideia, e apenas 10 minutos antes da hora marcada para a apresentação, tudo estava pronto. Batizaram a solução de "O saudável Harry Potter".

A apresentação estava programada para durar 30 minutos, mas a equipe não conseguia parar de falar. Os participantes estavam cheios de energia e entusiasmo com todas as possibilidades de sua solução de design. Uma a uma, as pessoas na plateia começaram a sair da sala de fininho.

Houve um suspiro de alívio quando o facilitador interrompeu a equipe. Nenhuma pergunta. Nenhum comentário. Após a apresentação, o público restante esvaziou a sala em menos de 15 segundos. A equipe se olhava em pé, na frente das fileiras de cadeiras vazias, em uma mistura de adrenalina e confusão. O que tinha acontecido?

Ninguém da imprensa entendeu o conceito do Saudável Harry Potter e, como resultado, a ideia nasceu e morreu na mesma hora. Na verdade, nenhuma das ideias jamais se concretizou como algo capaz de operar uma pequena mudança que fosse nos problemas de saúde em todo o mundo. Sequer uma sugestão.

Mas a equipe e o facilitador concordaram que o esforço não fora perda de tempo. O processo foi excelente, e as ideias eram inéditas, mas, para mudar o sistema de saúde do mundo, seriam necessárias ideias realmente revolucionárias. Era o mesmo que pedir para um navio-tanque girar em 180 graus. A equipe concordou que, nas mãos das pessoas certas, na hora certa e com os recursos adequados, a situação poderia mudar.

Todos na equipe pensavam da mesma forma, exceto o médico, que saíra horas antes, pois tinha um paciente para ver.

Como funciona o método "pense fora do quadrado"

O caso do Saudável Harry Potter parece algo à margem das sessões de criatividade nos negócios, mas é uma história verídica, baseada em nossa própria experiência como participantes da equipe do workshop que deveria resolver o problema da saúde mundial.

O mais interessante é que essa é uma maneira totalmente normal de abordar a criatividade hoje em dia. Por meio de centenas de interações com algumas das maiores empresas do mundo, temos observado um padrão claro na forma como as organizações pensam sobre a criatividade. Você poderá validar facilmente esse mesmo padrão se ler a literatura sobre criatividade empresarial, participar de seminários cujos títulos contenham as palavras *design thinking*, *criatividade* ou *inovação* ou apenas agir como observador.

Esse padrão constitui o modelo mental dominante que define o conceito de criatividade, como ela evolui, como estimulá-la e, em certos casos, como administrá-la. Observe que não estamos falando sobre a prática de criação nas empresas ou como as organizações efetivamente criam, mas sobre as premissas fundamentais com relação à criatividade nos negócios. No cerne desse entendimento, há sempre o diálogo com o pensamento-padrão. Se formos racionais e lineares durante os dias de trabalho normais, assim como os líderes visionários do mundo dos negócios, seremos, alternadamente, estranhos, místicos, surpreendentes, diferentes, aleatórios e radicais em nossos "retiros" criativos. Vamos explorar cinco dessas premissas fundamentais em mais profundidade e analisar por que são tão problemáticas para uma empresa imersa em incertezas.

Hipótese 1: A criatividade é estranha

Quando alguém diz: "vamos pensar fora do quadrado", a maioria das pessoas sabe instantaneamente o que significa. Essa expressão se tornou a metáfora mais popular para a criatividade e é definida como encarar os problemas de maneiras não convencionais e apresentar ideias novas, atuais e inesperadas. Mas será que é tão óbvio que pensar fora do quadrado significa ser criativo? Que quadrado? Que tipo de pensamento? O que significa dizer que algo está fora do quadrado?

Originalmente, a frase surgiu por causa da solução de um quebra-cabeças muito específico, no qual você tem de desenhar quatro linhas retas ligando nove pontos dispostos em um quadrado de três linhas, sem levantar o lápis do papel. A única solução é traçar uma linha que vai para "fora do quadrado". Para resolver o quebra-cabeça, você precisa olhar além de todas as soluções óbvias.

No discurso empresarial, o quadrado não se refere mais à forma geométrica formada por nove pontos, mas à estrutura convencional, a maneira normal de pensar, incluindo rotinas organizacionais, processos, práticas e ideias existentes nas empresas. De alguma forma, a metáfora revela uma ideia muito dicotômica sobre criatividade nos negócios. Há um "dentro" e um "fora" da empresa. O "dentro" se baseia em rotinas, convenções e ideias já existentes e não é considerado criativo. O "fora" significa quebrar a rotina, ignorar convenções, promover saltos criativos e gerar ideias malucas. Em outras palavras, a criatividade é anormal. É estranha.

Hipótese 2: A criatividade é um processo

Outro conceito muito popular e comum é o brainstorming. Muitas vezes você ouvirá pessoas usando esse termo para descrever um processo específico no qual uma equipe cria ideias em um ambiente livre, sem restrições de julgamento e crítica. A palavra *brainstorming* é utilizada para todos os tipos de atividades sem qualquer estrutura ou lógica real relacionada com a conversa. Por exemplo, você pode dizer: "Vamos fazer um brainstorming sobre uma lista" para indicar que irá trabalhar em grupo e que todas as ideias que surgirem serão anotadas. Ou pode dizer: "Isto é um brainstorming ou uma reunião?", indicando que o brainstorming não tem prazo nem estrutura fixos, enquanto a reunião sim.

Alex F. Osborn, executivo de publicidade, popularizou o termo *brainstorming* na década de 1950. Ele estava frustrado com a falta de imaginação das ideias de seus funcionários para campanhas publicitárias. Em experiências com a criação de ideias em grupos, em vez de individualmente, ele descobriu que a criatividade aumentava drasticamente a quantidade e a qualidade das ideias para os anúncios. Osborn usou sua descoberta para desenvolver um processo genérico para o pensamento criativo — que, segundo ele, poderia ser usado em qualquer tipo de resolução de problemas. Em vários livros que escreveu nas décadas de 1950 e 1960, ele aplicou o pensamento criativo a várias áreas: crianças, passatempos, problemas conjugais, empregos, saúde e felicidade.

Osborn acreditava de modo veemente na ideia de que toda pessoa é criativa e de que qualquer um pode trazer à tona a criatividade pessoal usando determinado procedimento. Ele trabalhava no setor de publicidade, cujos produtos principais eram ideias criativas, e considerava sua missão de vida levar sua descoberta da Madison Avenue para toda a civilização ocidental. "Cada um tem uma lâmpada de Aladim, e, se esfregarmos com força suficiente, poderemos iluminar nosso caminho para uma vida melhor — assim como essa mesma lâmpada iluminou a marcha da civilização."

Em seu livro de 1953, *Your Creative Power*, Osborn cunhou o termo *brainstorming* e lançou-o como uma técnica que produzia novas ideias sobre comando: "Brainstorming significa usar o cérebro para atacar um problema criativo e fazê-lo no estilo 'unidade de assalto', em que cada participante age como um soldado que ataca audaciosamente o mesmo objetivo."

Osborn criou um procedimento muito detalhado sobre como uma sessão de brainstorming deve ser conduzida. Sua regra mais importante é que o problema deve ser claramente definido antes de começar: "Você não pode resolver dois problemas em uma sessão."

Quando a questão estiver claramente definida, a sessão deverá seguir quatro regras:

1. Críticas não são permitidas. Evite julgar as ideias.

2. Produza o grupo de ideias mais loucas possível. É aceitável, e até desejável, compartilhar ideias realmente incomuns.

3. Quantidade gera qualidade. Quanto maior o volume de ideias, maior será a probabilidade de se obterem sugestões úteis.

4. Combine e aprimore as ideias. Os participantes devem melhorar as ideias dos outros e, deliberadamente, tentar combinar os palpites dos colegas de maneira interessante e surpreendente.

A promessa de uma técnica garantida para produzir ideias atingiu um ponto fraco na indústria americana, e o brainstorming rapidamente ficou conhecido como uma nova e sensacional abordagem que poderia ser usada para resolver todos os tipos de problemas de negócios — uma nova panaceia. Mesmo com a clara afirmação de Osborn, de que o brainstorming foi criado para um propósito muito específico — sessões em grupo com *um* problema estritamente definido –, com o passar do tempo, a prática se tornou a metáfora mais popular para o processo criativo nos negócios. Inúmeras variações foram desenvolvidas — pensamento lateral, design thinking, Teoria da Resolução de Problemas Inventivos (TRIZ, na sigla em russo), brainstorming eletrônico etc. -, mas todas têm como base a mesma ideia básica de que a criatividade é principalmente uma questão de ter os processos e os passos certos, para que um grupo produza ideias como se fossem peças em uma linha de montagem. Seguindo essa lógica, presume-se que, como o processo é mais importante que o conteúdo em si, os especialistas sequer precisam estar presentes. Na verdade, a expertise e o conhecimento profundo são vistos como potenciais bloqueadores da criatividade em determinadas sessões. Robert Sutton, autor de *Ideias malucas que funcionam* (Rio de Janeiro: Elsevier, 2002), diz aos leitores: "No processo criativo, a ignorância é uma benção."

Observe a forma como esse discurso defende a definição de ideias como objetos singulares que podem ser facilmente anotados em uma lista, contado como feijões ou reunidos em novas formas, como peças de LEGO. As ideias são vistas como módulos completamente separados de quem as gerou e do contexto em que foram criadas. Esses tipos de ideias — atomizadas e modulares — não são difíceis de alterar ou explicar, pois encerram um baixo volume de informações. Ter uma ideia é de graça e matá-la não traz qualquer risco.

E como, nesse discurso, as ideias são vistas como objetos descontextualizados, qualquer pessoa pode ter uma, e elas podem vir de qualquer lugar. A aleatoriedade e o acaso desempenham importante papel nesse entendimento das ideias. Já que elas não passam de partículas sem qualquer significado inerente, por que não lançar algumas dessas substâncias químicas aleatórias no tubo de ensaio e dar uma sacudida?

Hipótese 3: As ideias surgem do nada

"Mesmo se você não for um gênio, poderá utilizar as mesmas estratégias de Aristóteles e Einstein para aproveitar o poder de sua mente criativa e controlar melhor o futuro", escreve Michael Michalko em *Thinking Like a Genius*. "Muitas vezes, as pessoas são seduzidas pela ideia romântica de que todo mundo é criativo e de que você só precisa controlar o processo, se livrar da camisa de força da crítica e do julgamento para liberar o gênio que há dentro de você."

Projete as circunstâncias certas para produzir um relâmpago e, como na alquimia, ele ocorrerá. Nossa linguagem comum em torno da criatividade não faz nada além de afirmar exatamente isso. Costumamos dizer: "Tive uma ideia" ou "Vamos ver se chegamos a algumas ideias", como se esses insights caíssem do céu. Um executivo de uma das maiores empresas farmacêuticas do mundo decidiu que os diretores deveriam realizar uma sessão de concepção de ideias toda sexta-feira às 18 horas, momento em que poderiam pensar grande, como verdadeiros visionários. Como se poderia esperar, ele deu ao compromisso o nome de "o encontro do nada".

A concepção de que as ideias chegarão até nós nas circunstâncias corretas conta com o apoio dos mitos comuns e lendas populares contadas sobre a história das ideias e das invenções. Costuma-se acreditar que Einstein descobriu a Teoria da Relatividade Especial enquanto dirigia de volta para casa à noite e passou em frente ao relógio da cidade, e que Darwin teve um súbito insight durante suas viagens com o *Beagle*. Em tempos mais contemporâneos, o momento do grande insight pode ser um coquetel informal promovido pelo fundador eBay para apresentar aos amigos uma ideia sobre como sua noiva poderia comercializar pastilhas PEZ. Claro que relatos históricos detalhados sobre o que realmente aconteceu quase sempre mostram que essas histórias comuns são mitos e ilusões, tema que retomaremos em profundidade no Capítulo 4.

Hipótese 4: Criatividade tem a ver com mudança radical

Enquanto Osborn e seus seguidores falavam principalmente sobre como usar técnicas criativas para resolver problemas relativamente específicos, como ideias para nomes de produtos, usamos termos como *revolucionário, divisor de águas* e até mesmo *perturbador/de ruptura* para descrever boas ideias. Essa mudança no discurso começou no início dos anos 1990, quando os gurus da Administração, acadêmicos, consultores gerenciais, a imprensa especializada em negócios e até mesmo os governos começaram a dizer que estávamos no limiar de uma nova era, prestes a herdar uma economia totalmente nova — a transição de um modelo econômico com base em elementos físicos para um novo padrão, fundamentado em rede. Uma importante parte dessa transição, muitos alegavam, consistia em mudar toda a estrutura conceitual dos negócios, que passaria da mentalidade incremental para a radical.

"Pela primeira vez na história, podemos trabalhar em retrospecto, usando a imaginação, em vez de seguir a ordem cronológica do passado para o futuro", escreveu Gary Hamel, guru da Administração, no sucesso de vendas *Liderando a revolução* (Rio de Janeiro: Elsevier, 2000). Hamel argumenta que o gestor passa a maior parte do dia sonhando, criando, explorando, inventando, sendo pioneiro e imaginando. Se não estão agindo assim, então "já se tornaram irrelevantes, e, provavelmente, a organização acabará perdendo a importância junto com eles". Em outras palavras, ou você tem ideias radicais ou morre. Para ter sucesso, é preciso se tornar um revolucionário. Hamel pede aos leitores que façam um juramento:

> Não sou mais um prisioneiro da história. Tudo que eu puder imaginar, poderei realizar.
>
> Não sou mais um vassalo em uma burocracia sem rosto. Sou um ativista, não um robô. Não sou mais um soldado na marcha da evolução.
>
> Sou um revolucionário.

Empresas como a Enron se tornaram o típico exemplo dessa forma de pensamento. Embora o jargão revolucionário tenha se atenuado um pouco com o passar dos anos, a ideia básica de que a criatividade está relacionada com *novidades* radicais nos acompanha até hoje. Como um de nossos clientes executivos disse: "Pequenas ideias, que surgem pouco a pouco, não me interessam. Quero ideias loucas, estranhas e inéditas. Elas têm de ser muito, muito novas. Isso é criatividade."

Hipótese 5: A criatividade é lúdica e divertida

A suposição final sobre criatividade empresarial é a crença de que a criatividade só pode acontecer em um ambiente lúdico e divertido. Essa ideia é expressa por meio dos símbolos e instrumentos frequentemente ligados às histórias sobre empresas criativas. Esses mesmos símbolos e instrumentos aparecem automaticamente quando uma empresa está tentando mudar a imagem e parecer mais criativa para clientes e consumidores.

Se o ícone do pensamento-padrão é o cronômetro, os pequenos e coloridos adesivos autocolantes são o símbolo de pensar fora do quadrado. Como paredes antigas, de pinturas rupestres, quem vê os quadros repletos desses adesivos tem a impressão de que "algo criativo aconteceu aqui". Os famosos post-its se tornaram tão emblemáticos, que as empresas costumam tirar fotos de funcionários cercados por essas notas, aparentemente absortos em pensamentos criativos. Note que você nunca consegue ler o que realmente está escrito nos pequenos papéis coloridos — porque não tem a menor importância. As próprias notas autocolantes são a mensagem, não o conteúdo delas. Você nunca tiraria fotos de pessoas trabalhando com planilhas para documentar a expertise analítica de uma empresa. Mas a criatividade precisa ser transmitida na forma de pequenos papéis coloridos, de preferência em cores neon bem berrantes.

É claro que os post-its são apenas o começo da diversão. Empresas criativas têm arminhas Nerf, escritórios abertos, flip charts, pufes, bicicletas penduradas no teto, mesas de pebolim, os onipresentes patinetes e muitas, mas muitas gargalhadas mesmo. "Chegou a hora da festa", escreve Chris Baréz-Brown, autor de *How to Have Kick-Ass Ideas*, para estabelecer uma conexão direta entre o lado lúdico e o gênio criativo. "Então, o negócio é o seguinte, em caso de dúvida, diga 'Na na na-na na' e ria para o mundo." O livro de Baréz-Brown — representante do pensamento criativo na literatura — está repleto de linguagem que você encontraria em um livro de histórias para crianças em idade pré-escolar. Na opinião do autor, o inimigo da diversão é o conjunto de especialistas e pessoas que afirmam ter vasto conhecimento, os "sabichões", como os apelidou.

Essa linguagem tem uma sutil, ou nem tão sutil, conotação de brincadeira e libertação, no sentido de que o trabalho escraviza nossas ideias: o escritório é um lugar no qual somos tratados como burocratas sem rosto, enquanto nossa experiência e conhecimento nos cegam. Para ser criativo, precisamos nos libertar das amarras da burocracia, expertise e análise racional do mundo corporativo. A verdadeira libertação existe no mundo da criança — um lugar no qual se pode ser aberto, brincalhão, curioso e espontâneo.

Para que essa mentalidade desencadeie uma cultura empresarial semelhante à de O *senhor das moscas* (Rio de Janeiro: Nova Fronteira, 1996), a maior parte da literatura sobre criatividade deixa claro que as organizações não querem que as pessoas sejam como as crianças *o tempo todo*. Os funcionários devem se comportar como crianças sob comando. Assim, as sessões criativas abertas com uma série de exercícios para quebrar o gelo, motivar os participantes e formar equipes sinalizam oportunidades de diversão e lazer. Essa diversão pode ter uma variedade quase infinita de formas: em um workshop criativo, fomos instruídos a "encontrar o nosso Elvis interior", em outro, fomos convidados a "produzir ideias como os rappers" e em um terceiro, a proposta foi realizarmos um "body-storm", que significa "não fale nada, use apenas a expressão corporal como bem entender".

O discurso da criatividade nos negócios, embora muitas vezes absurdo nos casos mais extremos, aborda claramente uma crescente e legítima preocupação com as limitações da lógica da gestão convencional. Para sermos justos, muitos adeptos do "pensar fora do quadrado" entregam resultados para as empresas. O brainstorming, por exemplo, é uma ótima ferramenta para gerar uma grande variedade de ideias sobre problemas claramente definidos, com baixa largura de banda — ideias para variações de produtos, nomes de produtos, slogans para empresas ou produtos, formas alternativas para resolver um problema prático, listas de atributos do usuário e assim por diante. Todo o formato dos workshops criativos realizados fora das empresas — com exercícios para quebrar o gelo, desenvolvimento acelerado de ideias e trabalho em grupos altamente motivados — tem grande impacto no desempenho das equipes, na divisão do conhecimento, na sensação de envolvimento e na simples diversão no trabalho. Mas isso não é útil para ajudar os executivos a compreender por que uma série de novos produtos fracassou, o que devem fazer quando a empresa inteira estiver perdendo rios de dinheiro a cada trimestre ou como entender e apostar no futuro.

O problema com a abordagem de "pensar fora do quadrado" não é a intenção nem as ferramentas e os processos. A falácia essencial do método é sua promessa de viabilizar a geração de ideias práticas com rapidez, eficiência, simplicidade e risco zero. Para entender bem as pessoas, é preciso realizar uma investigação mais profunda sobre o comportamento humano e passar por um período de gestação de ideias criativas, o que geralmente requer treinamento e conhecimento ou experiência anterior. Ao contrário do organizado método de "pensar fora do quadrado", os workshops externos são bastante confusos. Insights revolucionários não são produzidos como *widgets* em uma fábrica. Eles brotam das pessoas, como a visão de uma forma vaga no horizonte; primeiro, aparecem em nossa mente e corpo em um estado pré-verbal, como um lampejo, um sentimento. Alguns se referem a esse estágio como a "intuição lenta". Einstein não estava satisfeito com a Teoria da Relatividade herdada de Galileu, por exemplo, mas não conseguia articular o porquê. Ele tinha apenas uma intuição de que as falhas na teoria poderiam ser interessantes e se aprofundou nelas, criando uma série de enigmas para si mesmo: se uma pessoa, digamos, o Super-homem, estivesse voando no espaço à velocidade da luz, com o braço totalmente estendido e segurando um espelho, o que ele "veria" no espelho? Seu próprio rosto? A imagem seria distorcida de alguma forma? As ondas de luz teriam tempo de ricochetear em seu rosto, bater no espelho e saltar de volta para sua retina, se movimentando também na velocidade da luz? E se um observador estivesse assistindo a tudo isso aqui na Terra? O que ele veria?

Durante anos, Einstein refletiu sobre esse enigma e o analisou dia após dia, discutindo com amigos, tentando desvendar os mistérios. Depois de uma década completa, seu sentimento, antes vago, começou a tomar uma forma mais concreta, clara e relacionada com a linguagem. *Tenho a sensação de que a velocidade da luz é constante.*

Quando esse insight se torna uma visão reconhecível, conseguimos o momento de clareza.

Em seus famosos estudos sobre pessoas altamente criativas, o psicólogo Mihaly Csikszentmihalyi observou que os profundos períodos de silêncio nos quais elas executam atividades não relacionadas com o processo criativo muitas vezes as ajudam a trazer à tona novas ideias cultivadas internamente: "Relatos cognitivos do que acontece durante a incubação presumem... que algum tipo de processamento de informação acontece de maneira contínua na mente, mesmo quando não estamos cientes disso, inclusive quando dormimos." A Teoria da Relatividade de Einstein estava sendo gerada internamente e não foi repentina, mas algo que crescia muito lentamente, por exemplo, enquanto ele fazia um sanduíche, tomava banho, durante as caminhadas matinais e, certamente, enquanto sonhava à noite. Na segunda parte deste livro, vamos analisar mais atentamente como surgem os insights e em que consiste o momento de clareza que se segue. Chegou a hora de começar a entender as pessoas direito.

PARTE II

Compreendendo bem as pessoas

QUANDO FICA CLARO QUE O pensamento-padrão não está funcionando, as pessoas têm a tendência a recorrer a métodos que, na verdade, não o são. Antes de discutirmos como uma investigação mais profunda, orientada pelas Ciências Humanas, pode resolver desafios de negócios, gostaríamos de desmistificar as soluções estratégicas mais conhecidas, porém enganosas, da atualidade.

A solução do big data

A solução de big data — que consiste em rastrear e analisar imensos volumes de dados de consumidores, em grande parte disponíveis como rastros digitais — seduz os executivos com a promessa de vitória nos mercados. O big data é atrativo por ser apresentado em harmonia com algoritmos de ponta, que prometem filtrar grandes quantidades de informação em um volume até então sem precedentes. Tudo isso é impressionante, mas toda a ênfase do big data está na tecnologia, e a solução minimiza a importância da maior máquina de computação de todos os tempos: o cérebro humano. Afinal, os seres humanos, em algum momento, têm de analisar os dados, a despeito do modo como estejam fragmentados. Alguém precisa entender o significado dos algoritmos. É essa perspectiva — o momento de clareza — que exige tempo, análise profunda e experiência. O big data não consegue oferecer nada disso.

A solução "Steve Jobs"

Certamente, você já ouviu falar dessa solução nos últimos 10 anos, que convincentemente argumenta que alguém da equipe deve desempenhar o papel de Steve Jobs. O aspecto inebriante é a noção de que qualquer pessoa pode se tornar Steve Jobs ou pensar como ele. O subproduto natural dessas afirmações é que a solução para o problema de sua empresa é criar o iPod ou iPad do setor em que atua. Assim, esse milagre — como costuma ser apresentado — pode salvar a organização.

A solução da customização

Sua estratégia se torna obcecada pela ideia de que os consumidores querem ter produtos customizados. Não importa se os clientes decidirão como serão os detalhes finais do produto ou se terão um serviço personalizado, em algum nível, de acordo com seu estilo de vida — a solução sugere que a empresa colherá valiosos frutos se permitir que os consumidores a reformulem com uma série de recursos supérfluos.

A solução de inovação aberta

Os problemas serão resolvidos se a inovação vier de fora da empresa, pelo menos é o que nos diz a solução de inovação aberta. Terceirizar, aplicar *crowdsourcing*, compartilhar o código-fonte de tudo! Se os clientes, parceiros e empreendedores inovarem por meio de iniciativas de incentivo, como concursos e leilões, você obterá melhores ideias e uma ampla variedade de maneiras de vencer no mercado.

A solução de mídias sociais

Esta solução promete que sites de mídia social, como Facebook e Twitter, podem transformar o relacionamento de uma marca com sua base de consumidores. Ao envolvê-los no relacionamento — por meio de opções como "Curtir" ou "Retweetar" comentários sobre suas marcas favoritas —, essa solução afirma ajudar a aumentar a fidelidade dos clientes e lhes proporcionar as experiências significativas que todas as marcas esperam criar.

Embora possa haver verdade e até mesmo inspiração nessas soluções, nenhuma delas pode formar uma estratégia de longo prazo para sua empresa. Nenhuma lhe dará uma perspectiva sobre o mercado nem fará o trabalho mais confuso de revelar os fenômenos em constante mudança que acontecem na essência de seu negócio. Vejamos o big data — obviamente, esse fenômeno apresenta uma oportunidade muito interessante: Como vamos reunir e entender os dados advindos das transações dos clientes na internet? Mas o big data é apenas uma ferramenta para executar uma ideia maior. É necessário ter uma compreensão mais profunda do que seus produtos oferecem para poder eliminar as interferências das análises avançadas dos dados. Pense na solução "Steve Jobs". Ele foi um icônico líder, e a Apple oferece muitos exemplos de inspiração, mas a especificidade da visão de Jobs — que mistura tecnologia com as artes liberais — não é relevante para todos os setores. Quando nos concentramos exclusivamente no sucesso do outro líder, perdemos a capacidade de discernir as oportunidades que podem virar o jogo em nosso favor e levar nossa empresa ao sucesso no mercado. Para ver o que ninguém mais consegue, um líder não precisa tentar imitar Steve Jobs, mas usar todos os anos de experiência e conhecimento prático para ampliar a lente pela qual analisará a situação de sua própria empresa no setor.

Não é fácil recusar as promessas dessas ideias como soluções estratégicas de longo prazo, mas todos sabemos que elas são limitadas. Apenas uma profunda investigação sobre o comportamento dos consumidores poderá abrir oportunidades para inovação e crescimento futuro. Apenas uma postura aberta diante da realidade — a vida como ela é — poderá nos dizer o que realmente importa.

CAPÍTULO 4

As Ciências Humanas

ERA 2010, E UMA DAS principais multinacionais de eletrônicos tentava entender o mercado das pequenas câmeras digitais. No passado, essa organização foi líder no mercado de câmeras pequenas, elegantes e relativamente baratas, que as pessoas usavam para tirar fotos nos fins de semana, nas férias ou na formatura dos filhos, para manter as recordações de família. Esses equipamentos nunca foram nada extravagantes, mas cumpriam seu objetivo principal: permitiam que as pessoas tirassem uma pequena quantidade de fotos de boa qualidade, que depois poderiam ser reveladas e colocadas em álbuns e porta-retratos. Elas serviam como dispositivos de documentação para uma quantidade relativamente limitada de ocasiões memoráveis.

E então, de repente, tudo mudou.

"O problema não é a câmera"

Primeiro foi a câmera dos celulares, depois a explosão das redes sociais e novos recursos de compartilhamento de fotos. Em poucos anos, a empresa se viu na mais densa neblina. As pessoas ainda davam importância às câmeras? Qual era a expectativa das crianças com relação às fotos? Como a empresa poderia criar novos produtos quando nem sequer compreendia o fenômeno pelo qual passava a fotografia?

A multinacional recorreu aos pesquisadores para estudar as mudanças no modo como os adolescentes usavam a fotografia e os instantâneos em todos os Estados Unidos. Eles descobriram que os adolescentes enviavam fotos em vez de texto — não apenas algumas imagens, mas milhares e milhares delas. Essas fotos não mais documentavam os principais acontecimentos, como no passado, mas permitiam que os jovens mantivessem uma dinâmica conversa sobre o presente. Um pesquisador observou que, em certos círculos de karaokê, uma pessoa era designada a tirar uma foto a cada dois minutos. Essas imagens eram enviadas, compartilhadas, comentadas e, às vezes, até excluídas antes que a noite tivesse chegado ao fim. A enorme quantidade de dados — estruturados como *threads* (segmentos), não como um todo coerente — comprometia a capacidade dos usuários de recuperar ou navegar pelas informações. Os estudiosos observaram que alguns jovens pesquisavam os próprios posts nas mídias sociais para encontrar as imagens desejadas em vez de tentar encontrá-las no vasto histórico de disparos da câmera eletrônica. A fotografia, antes destinada a eternizar, agora era o símbolo do efêmero, quase semelhante a uma performance ao vivo.

Todas essas mudanças de costumes exigiam novos recursos dos celulares com câmera digital. Os adolescentes procuravam maneiras de processar e classificar as milhares de imagens registradas. Eles queriam uma função que lhes permitisse marcar determinadas fotografias como favoritas para publicação em sites como o Instagram e enviar o restante diretamente a uma lixeira de dados.

A empresa poderia ter iniciado a investigação com uma pergunta fundamentada no pensamento-padrão: Como podemos recuperar o mercado de câmeras? Mas, em vez disso, optou por renunciar quaisquer hipóteses prematuras. Ela se deu um tempo para analisar mais a fundo o comportamento dos consumidores. Sua descoberta — que a fotografia digital é uma forma de evento ao vivo para a cultura jovem — foi muito mais importante que qualquer ideia que poderia ter surgido em uma reunião sobre estratégia. As implicações comerciais seguiram naturalmente: criar câmeras com ferramentas fáceis que permitissem enviar as fotos diretamente para sites, e ter em mente que, como a maioria das imagens serve como uma espécie de banco de memória fluido para os usuários, os novos modelos deveriam fornecer funções intuitivas de busca e permitir determinar rapidamente quais fotos serão permanentes e quais deverão ser esquecidas.

Os executivos da empresa perceberam que só poderiam realmente entender a câmera dentro do contexto de seu uso e reconheceram que a questão não é apenas a câmera, mas as pessoas.

As Ciências Humanas, ou "Ciências Inexatas", não se baseiam nos métodos quantitativos das Ciências Naturais. O estudo de pessoas, culturas, relacionamentos, poder, normas e valores requer habilidades diferentes das exigidas no estudo de moléculas, cultivos e estrelas. Quem trabalha no mundo dos negócios não precisa sentar e refletir diariamente sobre como funciona a realidade e como nos relacionamos com ela. Mas o que acontece quando a cada vez maior complexidade corporativa oferece um desafio que não entendemos: Ioga é esporte? Como o papel da televisão está mudando nos lares? Por que todo mundo, de repente, começou a usar fones de ouvido? Como anda o crescimento dos jogos digitais? Por que os jovens não querem pagar para usar a mídia? Em tais momentos de mistério, precisamos olhar além dos números e planilhas e nos concentrar nas experiências.

Neste capítulo, oferecemos um cenário teórico das Ciências Humanas para resolver esses tipos de desafios de negócios. O pano de fundo não é nada exaustivo, mas pode servir como guia para você começar a cultivar sua própria prática de investigação aberta. Observe o uso da palavra *prática*. Nos próximos capítulos, não descreveremos um conjunto de regras rígidas e rápidas, mas uma partitura musical, uma sugestiva estrutura para interpretação perspicaz. Você não encontrará nenhum plano de cinco passos aqui, tampouco uma lista dos sete segredos ou algo parecido. Contudo, encontrará um suporte teórico para pensar de forma diferente sobre as pessoas, bem como um método para aplicar a teoria a seus próprios desafios de negócios. Chamamos nosso método de sensemaking, porque descreve a experiência de ligar os pontos em meio a um mar de dados confusos. Com esse método, chegamos aos momentos de clareza. Conforme você aprimorar a própria prática, provavelmente desenvolverá seus próprios termos e heurística. Nunca será fácil — a exemplo de qualquer prática que valha a pena seguir —, mas você considerará sua própria versão de sensemaking cada vez mais intuitiva à medida que recorrer a ela com maior frequência. Pense nesses capítulos como uma iniciação. Vamos começar com a teoria neste capítulo, e depois passaremos para aplicações mais práticas, com casos de negócios nos Capítulos 5, 6 e 7. Vamos começar usando a lente das Ciências Humanas para examinar como as pessoas vivenciam o mundo.

O estudo da experiência

Fenomenologia é o estudo de como as pessoas vivenciam a vida. Embora a palavra seja raramente cogitada em um contexto de negócios, a fenomenologia é a inspiração filosófica por trás de um método como o sensemaking; o estudo de tudo que sentimos no mundo, tudo que dá sentido à vida. A fenomenologia pode revelar a experiência de dirigir um carro ou a sensação de ser mãe. Se, ao ver uma garrafa de Coca-Cola, você sente perplexidade, nostalgia ou nojo é uma questão fenomenológica. Em uma empresa farmacêutica, o raciocínio dedutivo pode dizer quantos vendedores atingiram as metas trimestrais em 2010, mas é a fenomenologia que lançará luz sobre o que, exatamente, faz de alguém um bom vendedor. Em uma empresa de café da *Fortune* 500, a Ciência da Administração pode dizer quantas xícaras de café especial o americano médio consome em um dia, mas é a fenomenologia que o ajudará a entender em que consiste a *experiência* de degustar um café realmente especial.

Propriedades *versus* aspectos

Qualquer fenômeno — viagens, esportes, investimentos, entretenimento, alimentação ou confiança — pode ser analisado por meio dos pontos de dados de *propriedade* das Ciências Exatas ou dos *aspectos* vivenciais da fenomenologia. Se o gênero biológico (homem ou mulher) é uma propriedade, o gênero cultural (masculino ou feminino) é o aspecto. A ciência pode nos ajudar a determinar se uma pessoa é homem ou mulher, mas como descobriremos o que significa a experiência de masculinidade ou feminilidade? *Como* é ser homem ou mulher? Somente o estudo dos fenômenos nos ajudará a entender isso.

Tudo toma significado quando começamos a falar sobre os aspectos: um pedaço de pano com três recortes de tecido colorido costurados se torna uma bandeira americana, um grupo de moléculas que constituem o ouro se torna um anel de casamento. A nossa experiência no mundo está pautada em como nos relacionamos com esses objetos e vivenciamos determinadas atividades. De que forma elementos como cozinhas, doces, futebol ou telefones celulares se relacionam conosco? É nesse relacionamento — esse envolvimento com os objetos — que eles adquirem significado. Embora a bebida possa ser exatamente a mesma, tomar um café correndo em um copo de isopor é uma experiência muito diferente de degustá-lo em porcelana fina, trazida por um garçom de luvas brancas. As propriedades do café serão as mesmas, mas os aspectos serão muito diferentes.

Se tudo isso lhe parece não científico demais — afinal, como é possível transformar em ciência o modo como sentimos o mundo? —, analise a questão de uma maneira diferente. A fenomenologia não revelará a essência de nada — por exemplo, um carro ou um restaurante —, mas mostrará a essência da nossa *relação* com o objeto. Nem tudo é importante para nós o tempo todo. Mantemos relações com tudo que faz parte da vida, e a fenomenologia pode nos mostrar o que é mais importante e quando.

Outra forma de analisar esse argumento é por meio da *exatidão*, que se baseia nas propriedades, e na *verdade*, fundamentada em aspectos. Se você pedir que o SIRI, aplicativo do iPhone, lhe diga qual a diferença entre cebolas vermelhas e brancas, ele responderá: "seis calorias". Apesar de correta, a resposta reflete a verdade? No contexto de culinária, jardinagem ou compras, essa resposta é significativa?

Ah, sim, você pode dizer, mas o SIRI é um software, e essas diferenças realmente não se aplicam à nossa análise de marketing ou de pesquisa e desenvolvimento, pois sabemos do que os nossos clientes gostam. Sabem mesmo? As empresas de bebidas alegam, por exemplo, que o teor de açúcar é o fator que determina a preferência. "Quando colocamos mais açúcar", dizem os especialistas, "as pessoas gostam mais". E respondemos: "Sim, está certo. Mas será que é *verdade*?" Muitas vezes, as pessoas dizem que gostam de algo no momento, mas como se relacionam com isso em um nível mais profundo? Muita gente pode gostar de sucos ou refrigerantes mais doces, mas, ao mesmo tempo, talvez experimentem alguma aversão cultural a essas bebidas, como medo ou nojo. Quando você compreender o que move o comportamento dos consumidores, chegará a um conhecimento mais profundo que extrapolará os fatos exatos e alcançará a experiência de verdade.

Familiaridade

Imagine um dia normal: você acorda, toma café da manhã, talvez dirija até o trabalho ou pegue o metrô. Tudo isso nos é familiar e não merece uma análise mais profunda. Achamos que sabemos em que consistem experiências como sentir fome, ficar preso no trânsito ou passar por frustrações. Mas quando começamos a analisar qualquer situação mais de perto, encontramos um mundo subterrâneo repleto de surpreendentes insights. Grandes filósofos têm chamado nossa atenção para esse mundo há quase 100 anos. Podemos usar palavras como *background* ou *familiaridade*, mas outras expressões como *memória muscular, senso comum, comportamento natural* e o *que alguém faz* expressam uma noção semelhante. A ideia radical é que a maior parte da vida não é movida pelo raciocínio, mas por nossa familiaridade — nossa vivência de *ser* — com o mundo. Não temos consciência do conceito de uma faca de cozinha, de uma máquina de lavar ou de um cortador de grama. Apenas os utilizamos. À medida que nos envolvemos nos afazeres, esses objetos saem do nosso raio de atenção e se transformam em um pano de fundo. Agimos assim com tamanha habilidade, de modo tão natural, que, quase sempre, nosso comportamento permanece invisível para nós mesmos. Na Parte I, tentamos mostrar como estamos cercados por nossa própria cultura empresarial de pensamento-padrão, repleta de suposições tão familiares para nós que não conseguimos nem ao menos discerni-las. Depois de passar pela experiência de familiaridade, o famoso diretor de cinema alemão Wim Wenders deu o seguinte nome a um de seus mais aclamados filmes: *Tão longe, tão perto*. Essa familiaridade com *tão perto, tão longe* compõe a fenomenologia ou tudo que vivenciamos no mundo.

Pense em um conceito bastante familiar, como o dinheiro. Em vez de analisar as propriedades do dinheiro — cédulas de papel com tinta impressa —, tente examinar os aspectos. O dinheiro é uma linguagem comum para o valor. A maioria prefere ter mais, não menos dinheiro.

Muitos têm medo dele. Outros o consideram fascinante, enquanto certas culturas não se permitem sequer pronunciá-lo em voz alta. Ao criar modalidades de contas para os clientes, os bancos normalmente dão às pessoas mais abonadas maior acesso ao dinheiro. No mundo bancário, é vital que os maiores clientes tenham total transparência em sua conta. Mas, se você olhar mais de perto como as pessoas ricas *se sentem* com relação ao dinheiro — como vivenciam tê-lo ou gastá-lo —, o setor bancário talvez não tenha a mentalidade mais adequada para criar modalidades de conta. Afinal, a maioria das pessoas ricas não quer ver dinheiro todos os dias. Querem ter certeza de que ele está seguro, mas não têm qualquer interesse em ficar contando centavos, como fazem os bancos. Por essa razão, essas instituições, quase inevitavelmente, têm mais sucesso quando desconstroem sua própria cultura antes de tentar impô-la diretamente aos clientes.

O slogan da fenomenologia é "para as coisas propriamente ditas". A ideia é estudar o objeto em si — seja uma obra de literatura, a morte, a família, um carro ou um hospital — sem noções preconcebidas nem teorias reducionistas ou imposição de dogmas. Essa é a única maneira de compreender algo ao mesmo tempo *tão perto* e *tão longe*.

Como começar o estudo das experiências

Qualquer método aberto, como o sensemaking, gira principalmente em torno do estudo das experiências. Você não precisa conhecer as doutrinas da filosofia — às vezes, é melhor que não as conheça — nem tem de memorizar os maiores sucessos da civilização ocidental. Pense nisso como uma filosofia do tipo "faça você mesmo". Comece analisando a complexidade e a beleza do mundo. Tente descrever o que está vivenciando e como está sendo a experiência. Como é (de verdade) a experiência de passar de uma condição em que você não sabe nada até tomar uma decisão? Como você (honestamente) faz escolhas sobre o orçamento do ano? Quando (verdadeiramente) chega aos números usados para o lançamento de um novo produto? Um palpite razoável é que a maior parte dessas decisões não é tomada de forma totalmente racional, mas em um nível mais intuitivo. O que você *sentiu*? É aí que o estudo começa: com a experiência individual. No entanto, não se trata de uma desculpa para usar somente sua própria opinião ou olhar apenas para o próprio umbigo. A experiência subjetiva é apenas o começo. Nós a usamos para pensar sobre como reunir os melhores dados a fim de descobrir quais padrões ocorrem no mercado como um todo. A fenomenologia não está interessada no extraordinário, mas no ordinário e comum para todos (ou a maioria). Sendo assim, não se trata do coeficiente de determinação estatístico ou de amostra significativa. De fato, para que seja útil, um estudo de experiências precisa analisar apenas uma quantidade razoável de pessoas e suas situações. Se uma empresa quiser enxergar completamente os padrões de comportamento compartilhados, deverá compilar e entender essas experiências.

Quer um conselho sobre o estudo da experiência? Saia do escritório e fique longe das planilhas. Não comece a pesquisa pela parte teórica. Somente a experiência livre de hipóteses revelará a rica realidade humana. Dividimos o estudo da experiência humana em três elementos básicos:

1. Uma *perspectiva* bastante sofisticada sobre o que significa a condição de ser humano e sobre a vida em sua totalidade.

2. Teorias e ferramentas das Ciências Humanas, como etnografia, descrição densa, compreensão dos mundos e ciclo duplo.

3. A metodologia de *raciocínio abdutivo*.

Uma perspectiva sofisticada da experiência humana

Após a publicação de seus primeiros livros, Alice Munro — reverenciada escritora canadense de ficção, ganhadora do Prêmio Nobel de Literatura em 2013 — começou a receber cartas de outros escritores, nas quais os colegas pediam que ela lhes desse informações, as quais posteriormente designou como "detalhes práticos", sobre o processo de escrever. "É necessário trabalhar em um computador? Você tem um agente? Trabalha em parceria com outros escritores?" Na verdade, fica claro que seus colegas queriam saber como Munro conseguiu captar a essência da vida na linguagem. Como descrever todo o mistério, o desgosto, a alegria e a graça que existem em nossa própria existência humana? Como descrever a "vida"?

A autora poderia ter respondido essas cartas com fatos ou propriedades, poderia ter contado aos escritores exatamente quando ela escrevia (entre uma responsabilidade doméstica e outra), onde (à mesa, depois em uma antiga escrivaninha) e que instrumento usava (uma caneta, na maioria das vezes) para fazer as primeiras ideias rudimentares ficarem permanentemente registradas no papel. Mas compartilhar esses detalhes — a *ciência exata* de sua experiência de escrita — lhe pareceu um tanto absurdo.

> Isso seria como dizer que sou uma pessoa de inteligência rápida, com constante controle sobre diferentes frentes; [que] tenho opiniões favoráveis com relação a computadores e temas, que traço um caminho que as pessoas costumam chamar de carreira, na qual espero progredir.

Munro nunca conseguiu responder a essas cartas com "detalhes práticos". No entanto, em uma de suas histórias, uma personagem descreve a futilidade de tentar representar os fatos da vida como ela é:

Eu poderia tentar fazer algumas listas — por exemplo, de todas as lojas e empresas inauguradas e que depois fecham na rua principal, uma lista de quem eram seus respectivos donos, uma lista de sobrenomes, de nomes nas lápides no cemitério e quaisquer outros escritos que nelas encontrasse... A esperança de precisão que trazemos para essas tarefas é uma loucura, é de partir o coração. E nenhuma lista jamais conseguiria conter o que quero, pois quero cada detalhe, cada palavra e pensamento, um feixe de luz que atravessa a copa de uma árvore ou reflete nas paredes, cada cheiro, buraco, dor, rachadura, desilusão, placidez, união — radiantes e eternos.

Todos sabemos que a vida é complexa: misteriosa, às vezes banal, mas, em alguns momentos, tocada pela transcendência. Os seres humanos vivem em uma realidade texturizada, com inúmeras nuances, complicada, repleta de *detalhes*. A exemplo do que fez Alice Munro, tente fazer uma lista de tudo que você vivencia em sua existência física. Soldados experientes no Iraque descrevem a sensação de "sentir" as armadilhas em seus corpos ao chegar perto desses dispositivos. Bombeiros veteranos conseguem intuir quando o chão vai desabar abaixo deles. George Soros, o verdadeiro imperador do mundo dos investimentos e altas finanças, sabe que algo não está certo nos mercados quando começa a sentir dor nas costas. Twyla Tharp, famosa dançarina e coreógrafa, descreveu a experiência de assistir a sua pupila Rose Marie Wright ensinando um número que aprendera com Tharp cerca de trinta anos antes para um grupo de novos dançarinos da companhia: "Se ela ensinar a dança sem pensar no que está fazendo, recriará cada passo e cada gesto perfeitamente, acertando de primeira, como se fosse um médium em transe. Isso se chama memória muscular: automática, precisa, um pouco assustadora. No entanto, se tentar explicar os passos e padrões aos dançarinos, ela hesitará, fará uma severa autocrítica, questionará seus próprios músculos e acabará esquecendo a sequência de movimentos. Isso porque ela estaria pensando na dança e usando a linguagem para interpretar algo que conhece apenas de modo não verbal. Sua memória de movimento não precisa ser acessada por meio de um esforço consciente."

O melhor da vida — as mais ricas camadas existenciais — estão profundamente codificadas dentro desses detalhes. Toshio Odate, artista japonês famoso por seus trabalhos de carpintaria, disse aos alunos durante uma das muitas aulas: "Vocês gostam de cinzéis, gostam de cepilhos, gostam da sensação de trabalhar com esse material orgânico. Vocês precisam treinar o corpo para a sensibilidade. Esse é o segredo. Depois, aprenderão a afiar os chizéis e sentirão a vibração. Conseguirão sentir a resistência de muitos tipos diferentes de madeira." Odate explicou que é possível aprender cerca de um terço do trabalho de carpintaria intelectualmente, por meio da leitura. O restante do conhecimento tem de ser adquirido pela repetição diária: mãos na madeira, cheiros, diferentes lâminas e até mesmo com os doloridos cortes na pele.

Dizem que, no melhor da música, o famoso trompetista Miles Davis não toca o que está na partitura, mas "notas fantasmas", revezando influências musicais e históricas com as nuances de cada som que sai do trompete. Terence Blanchard, trompetista contemporâneo e seguidor de Davis, explicou: "Quando Miles Davis toca uma frase simples, às vezes ele consegue expressar algo com mais elegância e beleza que qualquer frase elaborada com grande apuro técnico poderia dizer. Davis resume: "Não toque o que está lá, mas o que não está."

Como argumentam os grandes filósofos do século XX, se sua visão sobre a vida não inclui esse nível de profundidade e riqueza — esse conhecimento incorporado —, você nunca conseguirá realmente entender o comportamento das pessoas. Nosso argumento contradiz diretamente a abordagem predominante da atual cultura empresarial: o pensamento-padrão. Se fôssemos criar um jogo filosófico mortal para ilustrar nosso argumento, gostaríamos de nos unir a René Descartes — o pai do pensamento racional ou mentes *desapegadas* do mundo — contra Martin Heidegger, o filósofo segundo o qual os seres humanos estão no seu melhor quando profundamente *enraizados* no mundo.

Nem todas as pessoas tomam decisões de modo racional e cuidadoso. Compram o que não precisam, desperdiçam tempo e, às vezes, insistem em manter várias decisões tomadas por capricho. É por isso que religião, magia, amor, música, arte, beleza, literatura e parques nacionais não fazem qualquer sentido em um universo racional. Ao longo do último milênio, essa profunda divisão entre o pensamento racional e a vida real levou os filósofos a dividir os seres humanos em estranhas dualidades: corpo e espírito, sujeito e objeto, razão e sensibilidade.

Para entender essa divisão, temos de percorrer todo o caminho de volta até Platão e seu profundo interesse por teoria e matemática. Toda sua filosofia tem base na ideia de que tudo (inclusive os seres humanos) é melhor quando é universal e desprovido de quaisquer particularidades. Os cavalos que correm pelo campo não são tão perfeitos quanto a *concepção* de um cavalo, um vaso sobre a mesa não é tão perfeito quanto a *concepção* de um vaso. A filosofia de Platão levou às noções que a cada dia norteiam todos nós, que vivemos na sociedade moderna: os seres humanos são, acima de tudo, seres *pensantes*; nós nos esforçamos para alcançar a perfeição no pensamento racional; a pureza da teoria é melhor que os objetos específicos que nos cercam; e somos sujeitos que tentam dar algum sentido aos objetos do mundo. Segundo Platão, temos um mapa perfeito do universo em nossas mentes e podemos usá-lo para entender tudo o que nos rodeia. Descartes foi o filósofo que mais descreveu essa visão dos seres humanos como criaturas pensantes e racionais de forma mais impactante: mentes que flutuam fora do mundo. Para ele, vemos o mundo por meio de uma janela de ideias, em vez de estarmos diretamente envolvidos na realidade. Na visão de Descartes, nós, seres humanos, somos e devemos ser agentes autônomos que tomam decisões racionais. Ele acreditava que temos pleno acesso às nossas mentes e, portanto, sabemos o que queremos. Seguindo esse raciocínio, não devemos levar em conta tradições, humores ou emoções, mas manter uma relação fria e distante com o que nos cerca.

Quando defendemos uma concepção da experiência humana diferente das perspectivas convencionais do mundo dos negócios, estamos defendendo a tradição fenomenológica, encabeçada principalmente por Martin Heidegger, autor da inovadora obra-prima escrita em 1927 e intitulada *Ser e tempo* (Petrópolis: Vozes, 1997). Heidegger escreveu que estamos no nosso melhor não quando assumimos uma postura racional e de desapego, mas quando estamos profundamente envolvidos no mundo — quando nos esquecemos de onde estamos e nos ocupamos de atividades que podemos dominar. Heidegger não afirma que nunca agimos racionalmente. Ele é o primeiro a concordar que a ciência existe por causa de nossa capacidade de pensar, mas alega que a maioria das pessoas está tão envolvida nas atividades diárias que não precisa pensar. Quando está preparando um suflê, um chef experiente não vai recuar e se preocupar com o batedor e a tigela — ele está envolvido no mundo de modo profundo e prático. Heidegger disse que em vez de sermos coisas pensantes, somos "seres no mundo". Em seu trabalho, ele desbanca os mais de dois mil anos de tradição filosófica, derrubando as fronteiras entre racional e irracional, sujeito e objeto. Em sua nova tradição de filosofia, fenômenos como amor, confiança, ódio e beleza são examinados pela forma como os vivenciamos no cotidiano.

Teorias e ferramentas das Ciências Humanas

A ciência humana emprega várias técnicas para reconhecer e descrever as experiências pelas quais passamos. Vejamos algumas das ferramentas mais importantes que as empresas podem utilizar para compreender os próprios clientes e o mercado em geral.

Etnografia

Analise a seguinte cronologia na descrição etnográfica de um moderno escritório americano, feita por Bruno Latour:

> *Cinco minutos.* John entra na empresa e vai para a sua sala. Diz muito rapidamente algo sobre ter cometido um grande erro. Enviou a análise de um documento.... O restante da frase é inaudível.
>
> *Cinco minutos e 30 segundos.* Barbara entra e pergunta a Spencer que tipo de solvente deve colocar na coluna. Ele responde sem sair da sala. Barbara sai e vai para a bancada.
>
> *Cinco minutos e 35 segundos.* Jane entra e pergunta a Spencer: "Quando você prepara morfina para aplicação intravenosa, usa soro fisiológico ou água?" Spencer, sentado à mesa, aparentemente escrevendo, responde sem se levantar. Jane sai.
>
> *Seis minutos e 15 segundos.* Wilson entra e olha para dentro de várias salas, tentando chamar as pessoas para uma reunião de equipe, mas recebe apenas promessas vagas. "É uma questão de US$4 mil, que tem de ser resolvida nos próximos dois minutos, no máximo." Ele sai em direção ao lobby.
>
> *Seis minutos e 20 segundos.* Bill vem da seção de química e entrega um fino tubo a Spencer: "Aqui estão

seus 200 µg, lembre-se de colocar esse número de código no livro", diz ele, apontando para o rótulo, e sai da sala.

Um longo silêncio. A biblioteca está vazia. Alguns escrevem em seus escritórios, outros trabalham perto das janelas na bancada iluminada pela luz natural. Dá para ouvir o som staccato das pessoas digitando no lobby.

Nove minutos. Julius entra comendo uma maçã e folheando um exemplar da revista *Nature*.

Nove minutos e 10 segundos. Julie vem da seção de química, se senta à mesa, desdobra as planilhas de computador que carrega e começa a preencher uma folha de papel. Spencer sai de sua sala, olha por cima do ombro de Julie e diz: "Hum, interessante." Em seguida, desaparece e entra na sala de John com algumas páginas de rascunho.

Nove minutos e 20 segundos. Uma secretária vem do lobby e coloca uma minuta que acabou de imprimir na mesa de John. Ela e John trocam rápidas observações sobre os prazos.

Nove minutos e 30 segundos. Assim que a secretária sai da sala, Rose, a assistente de estoque, entra para contar a John que um dispositivo que ele deseja comprar custará US$300. Eles conversam e dão risadas na sala de John. Ela sai.

Silêncio novamente.

Dez minutos. John grita sem sair da sala: "Ei, Spencer, você conhece algum grupo clínico que tenha publicado algum relatório sobre a produção de SS em células tumorais?" Spencer responde com outro grito, sem sair da sala: "Li sobre o assunto nos *abstracts* da conferência de Asilomar, e a questão foi apresentada como um fato bem conhecido." John: "Quais foram os indícios disso?"

Spencer: "Bem, eles observaram um aumento em... e concluíram que era em decorrência da SS. Não tenho certeza, mas talvez eles tenham testado as atividades biológicas diretamente; realmente não sei." John: "Por que você não experimenta nos bioensaios da próxima segunda-feira?"

Dez minutos e 55 segundos. Bill e Mary entram de repente. Eles estão terminando uma conversa. "Não acredito neste documento", diz Bill. "Não, ele está tão mal escrito. Provavelmente foi um médico quem o escreveu." Os dois olham para Spencer e riem.

Fazer observações sem tomar um modelo como base é um desafio mental. Que tribo estranha é essa? Como eles se comunicam? O que valorizam? Sem um contexto, começamos a ficar inquietos e a nos contorcer internamente. "Preciso entender o que está acontecendo!", pensamos. A maioria deseja ardentemente sair da dúvida e voltar para a tranquilidade da segurança resultante do conhecimento e da compreensão: "Eles trabalham em uma empresa!", "Não, eles são professores de uma universidade" ou "Ah! Entendi! Eles são cientistas!"

Etnografia — o processo de observar, documentar e analisar o comportamento — é uma das principais técnicas de coleta de dados para as Ciências Humanas. Usada em tudo — da Antropologia à Sociologia, passando pela História e pela Filosofia —, a etnografia concentra-se fundamentalmente na análise de fenômenos. A técnica surgiu no século XIX, quando o estudo da sociedade explodiu, graças a pensadores como Karl Marx e Émile Durkheim. No entanto, apenas em 1922, com o trabalho do antropólogo polonês Bronisław Kasper Malinowski, a prática profissional de *observação participante* foi definida e distinguida do balaio de gato de técnicas usadas por jornalistas, missionários e viajantes.

Malinowski é amplamente considerado o antropólogo de maior destaque na história da etnografia. Grande parte de sua pesquisa vem do tempo em que viveu na Papua Nova Guiné, especialmente durante a Primeira Guerra Mundial, quando ficou encalhado nas Ilhas Trobriand, impossibilitado de voltar para a Europa dessa região controlada pelos britânicos, pois nascera em uma província pertencente à Áustria-Hungria. Malinowski passou esse período de exílio como observador participante da tribo Kula e acabou transformando suas análises na obra-prima da etnografia, *Argonautas do Pacífico Ocidental* (São Paulo: Abril, 1984). Nesse livro, ele estabelece a base para o papel do antropólogo como analista científico, não como mero descritor: "A integração de todos os detalhes observados e a realização de uma síntese sociológica dos vários sintomas relevantes, é a tarefa do etnógrafo... Ele tem de construir a imagem da grande instituição, do mesmo modo como o físico fundamenta sua teoria com base em dados experimentais que sempre estiveram ao alcance de todos, mas que precisavam de uma interpretação consistente."

A observação descritiva veio primeiro, seguida por uma conjectura em uma interpretação analítica. Usando métodos como a observação participante, a etnografia consistia em uma abordagem radical e aberta para compreender outras culturas, mergulhando no objeto de estudo em vez de se concentrar em provar ou não uma hipótese. Com sua ênfase na imersão, a etnografia contrasta com outras técnicas de pesquisa que visam ajudar as empresas a entender a experiência humana usando pesquisas de mercado baseadas em estudos teóricos e grupos de discussão. Embora as formas convencionais de pesquisa de mercado desempenhem um papel importante na criação de estratégias de negócios, esse tipo de investigação não equivale à etnografia, tampouco apresenta resultados com a mesma riqueza de nuances. Como discutiremos nos capítulos a seguir, a LEGO e a Coloplast empreenderam importantes programas de pesquisa de mercado antes de recorrer ao sensemaking e à etnografia como principais métodos de coleta de dados.

Como tudo no campo das Ciências Humanas, é mais fácil entender a etnografia dentro de um contexto. Digamos que sua empresa precise ter uma compreensão mais ampla do crescimento da classe média na China. Você pode recorrer às características materiais — a mobilidade ascendente moverá centenas de milhões de famílias da pobreza para a prosperidade na próxima década. Mas qual é o significado desses números na experiência prática de ascensão social de uma pessoa? Seria algo como dar uma radical guinada na vida e mudar do campo para uma região urbana? Como as pessoas se adaptam à mobilidade ascendente? O que é importante? É um processo confuso? É ótimo? Ambos? Uma perspectiva etnográfica pode esclarecer os aspectos — ou a experiência — de uma mudança sociológica tão arrebatadora. Analisando a próxima interação de um etnógrafo com um homem de classe média chinesa, podemos ganhar uma percepção muito maior do fenômeno do que jamais conseguiríamos se estudássemos pilhas e pilhas de dados sobre o consumidor.

Anotações de campo: Como são os insights do etnógrafo?

Eliot Salandy Brown, pesquisador da ReD Associates, realizou um estudo etnográfico para obter uma visão superficial do cotidiano de uma família chinesa. Apresentamos uma parte da história:

> Era minha quarta tentativa de descobrir o que Wei Bao pensava das mudanças que tumultuavam seu bairro, e eu já estava achando que não obteria resposta. Não desse modo. A etnografia começara bem. Depois que tirei os sapatos e lhe entreguei um pequeno pacote de biscoitos dinamarqueses como presente, Wei Bao me recebeu em sua sala de estar espartanamente mobiliada. Minutos

depois, tomando pequenos dedais do rico chá Pu-Erh, de sabor terroso, seus olhos brilhantes fitavam ora a mim, ora sua esposa, Wei Bao me contou, todo animado, a história do dia em que finalmente foi promovido a engenheiro-chefe de uma pequena mina a 20 km a oeste de Fuzhou.

"Foi minha disciplina que fez a diferença", explicou, enquanto a esposa assentia a seu lado. "Sou um homem previsível, e meus chefes sempre souberam que poderiam contar com minha firmeza."

Foi no dia dessa promoção, 30 anos antes, que Wei Bao recebeu o apartamento no qual estávamos naquela hora. Construído no início dos anos 1970, o imóvel era mais ou menos idêntico aos outros 250 daquele bairro. Espiando além das roupas penduradas na varanda para secar, eu via os homens da idade de Wei Bao jogando mahjong no pátio empoeirado e ouvia o barulho das peças de plástico flutuando no ar ainda outonal.

"Temos orgulho de viver aqui porque significa que você foi reconhecido pelo governo. É uma honra, de certa forma." Uma hora antes, subindo a escura escada de cimento batido e luzes quebradas, eu não teria imaginado o valor simbólico desse endereço. Mas, pensando bem, percebi que não era só a condição do prédio que tinha me levado a supor que se tratava de um imóvel bastante padrão. Era o contraste com o que o rodeava. O desgastado conjunto habitacional de Wei Bao mais parecia uma grande e cinzenta rocha solitária em um mar de cintilantes construções com vidros azuis. Impulsionados pelo investimento de Taiwan, complexos de torres de apartamentos, restaurantes com fachadas de néon, concessionárias de veículos europeus com pés-direitos altos e lojas de operadoras de telefonia móvel invadiram o bairro de Wei Bao, trazendo uma nova geração de consumidores chineses que compram por lazer, não apenas por necessidade, e gostam de café tanto quanto apreciam o chá.

O que eu queria agora era entender como Wei Bao se sentia em relação a tudo isso. Para ele, toda essa mudança representa progresso ou destruição? O que ele tinha em comum com as gerações mais jovens? Fuzhou passava por um processo de ocidentalização ou seria o berço de uma nova interpretação da China? Diante de tudo isso, como ele se sentia em relação ao futuro da China?

Nada. Quatro tentativas de obter perspectivas subjetivas haviam rendido quatro páginas de estatísticas objetivas. Wei Bao usou cuidadosamente seu conhecimento quase enciclopédico sobre crescimento da população, índices de migração urbana, fontes de investimento e taxas de empréstimos bancários, na tentativa de não transmitir a menor ideia de como ele se sentia. Eu começava a entrar em pânico. Fui pago para descobrir o que as pessoas sentem, temem, admiram, desejam e do que se arrependem, e estava prestes a voltar para casa com nada além de dados factuais.

Como se percebesse minha horrível aflição de retornar aos meus chefes sem nada mais interessante que suas preferências em termos de chá (Pu-Erh sempre), Wei Bao fez uma sugestão. "Por que não vamos ver meu novo apartamento?" Cinco minutos depois, lá estava ele, todo confiante, cortando os carros no trânsito comigo na garupa de sua scooter elétrica, claramente se divertindo com o desafio apresentado pelo imprevisível tráfego de Fuzhou e, 10 minutos depois, estávamos com a cabeça totalmente inclinada para trás, admirando um reluzente prédio de 49 andares, que cortava o céu cinzento.

"É um investimento em conjunto com meu filho. O primeiro filho dele nascerá em breve, e é onde eles vão morar. Venha, vou mostrar o apartamento." Aquele homem quieto e "constante" que eu encontrara em seu apartamento do governo desaparecia conforme Wei Bao caminhava pelo imóvel inacabado, explicando onde ficariam a máquina de lavar louça, a lavadora de roupas, o micro-ondas e a televisão ("de plasma, claro"). Ele me mostrou os projetos em que estava trabalhando para montar a cozinha com vidro, aço e iluminação indireta, além da contribuição que o deixava mais orgulhoso — o banheiro com box. Na varanda, com vista para dezenas de novos edifícios em que milhares de novos sonhos chineses como o seu estavam sendo construídos, Wei Bao finalmente confessou.

"Muitas vezes, fico aqui e penso em como a China progrediu. Imagino a vida que meu neto terá e acabo comparando-a com a minha — não há dúvida de que a situação melhorou. Hoje, os jovens têm uma energia que não tínhamos. Parece que existe uma luz dentro deles que tivemos de desligar, e não somos corajosos o suficiente para reacendê-la."

Perguntei o que havia de difícil em sua vida, e, depois de refletir alguns minutos olhando para os outros prédios, ele disse: "Tive uma vida restrita. Limitada. Meu filho acha que pode ser quem quiser, como profissional e como pessoa; é uma grande felicidade."

Wei Bao me contou que a maneira chinesa nem sempre é a melhor e que é bom ter inspiração de outros países. Revelou que gostaria de viajar e conhecer o mundo, especialmente a Itália. Disse que talvez seu velho prédio de apartamentos e os homens que jogam mahjong no pátio desaparecerão algum dia e não há o que se lamentar nisso.

Quando saímos do apartamento, depois de três horas conversando na varanda, percebi o que tinha permitido que aquele tranquilo homem começasse a me dizer o que realmente pensava e sentia. A resposta era simples — tínhamos passado para um contexto social e físico que propiciara tal abertura. Sentado ao lado da leal esposa, na casa que recebera do governo, cercado de objetos que lhe remetiam aos orgulhosos dias de juventude, Wei Bao não estava no cenário mais favorável para dizer o que pensava. A esposa ficaria sem graça, ele indiretamente estaria criticando os vizinhos, pareceria ingrato e teria deixado qualquer hóspede chinês bastante incomodado.

Levei a lição de Wei Bao comigo, e, agora, quando estou na China, sempre apresento às pessoas uma série de contextos sociais e físicos que facilitem a expressão e a exploração das várias facetas de seus pontos de vista e personalidade.

Sou muito grato a Wei Bao por essa lição. De fato, para agradecer esse dia tão esclarecedor, convidei-o para jantar. "Onde você gostaria de ir?", perguntei. "Há um famoso restaurante chinês perto do seu ponto de ônibus."

"Não", respondeu ele. "Está vendo aquele local ali na esquina? Eles fazem o melhor cheeseburger e batatas fritas de toda a Fuzhou."

Descrição densa

Os insights do etnógrafo sobre a perspectiva de Wei Bao servem de exemplo do que o antropólogo americano Clifford Geertz denomina de a famosa *descrição densa*. Geertz passou a maior parte da carreira acadêmica escrevendo sobre as nuances de gestos culturalmente complexos, a *densidade* que acrescenta profundidade à vida. Vejamos o que acontece com as piscadas. O computador pode classificá-las como contração do olho por um milésimo de segundo, mas todos sabemos que uma piscada pode significar muito mais. Esse movimento-relâmpago pode significar: "Vamos sair juntos?", "Você é um idiota!", "Não estou falando sério..." e tantos outros desejos mais inefáveis.

Para ilustrar a importância da descrição densa de qualquer entendimento complexo do comportamento humano, podemos tomar como exemplo algo tão culturalmente familiar como uma canção de Adele. Tente este exercício de pensamento: pense em Adele como uma pessoa densa e depois rasa.

No Grammy de 2012, a cantora britânica levou para casa seis prêmios por seu famoso álbum "21". Parte da febril adoração da indústria da música por Adele tem a ver com sua capacidade de criar canções que pareçam autênticas, pessoais, íntimas e individualizadas ao público — nos condoemos das emoções da cantora como se fossem nossas. Tanto é assim, que um recente esquete do *Saturday Night Live* retrata uma funcionária de escritório colocando a música "Someone Like You", de Adele, e caindo em prantos; foi o suficiente para o escritório inteiro se reunir em torno da moça e, juntos, protagonizarem uma verdadeira sessão de choro coletivo.

Recentemente, o *The Wall Street Journal* respondeu a esse fenômeno, perguntando: "O que há de tão poderoso na música de Adele que nos faz chorar?" Para resolver o enigma, recorreram a estudos empíricos sobre os gatilhos emocionais existentes nas músicas, capazes de provocar reações, medidas por mudanças fisiológicas, como picos de frequência cardíaca, arrepios ou transpiração. O *The Wall Street Journal* relatou:

> Passagens que fazem o corpo arrepiar... têm pelo menos quatro características comuns. Começam baixinho e,

de repente, o volume aumenta. Por exemplo, a entrada abrupta de uma nova "voz", instrumento ou harmonia. Muitas vezes, envolvem uma expansão das frequências tocadas. Em uma passagem do Concerto n. 23 para Piano (K. 488) de Mozart, por exemplo, os violinos saltam uma oitava para ecoar a melodia. Por fim, há desvios inesperados na melodia ou harmonia. A música quase sempre provoca um frio na espinha, pois inclui surpresas em termos de volume, timbre e padrão harmônico.

Embora certamente a neurociência por trás da análise seja mais sutil, apresentar o poder emocional da música dessa forma parece uma visão um tanto empobrecida. É como pegar algo mágico e reduzi-lo à aparência deste ou daquele recurso estilístico. Mas essa explicação também perde outro ponto importante: as influências do contexto cultural cujos produtos nos tocam o coração e como nossa reação emocional se desenrola. Isso ocorre porque o contexto cultural afeta nossa relação com nossos próprios sentimentos — o modo como pensamos sobre elas e como as experimentamos. Em outras palavras, o que faz uma música evocar nossas emoções depende, em parte, do momento e do lugar.

Os sentimentos que esses recursos estilísticos provocam se tornam commodities semelhantes a outros que consumimos regularmente. Comemos uma barra de chocolate quando sentimos que merecemos um momento de prazer; ouvimos Adele quando estamos tristes. Dessa forma, a relação entre emoções e produtos culturais foi transformada em commodities.

Então, como crescemos no contexto específico criado pela indústria cultural, sabemos que Adele é o tipo de cantora que devemos ouvir quando estamos tristes. Essa relação entre emoções e canções da música pop (como são contempladas e vivenciadas) é um produto exclusivo de nossa indústria cultural contemporânea. Essa maneira de analisar a questão não tira a autenticidade da resposta emocional de uma pessoa que considera as canções de Adele comoventes. No entanto, implica que a dinâmica emocional por trás do frio na barriga está envolta por uma bagagem culturalmente condicionada, totalmente diferente do mecanismo disparado nos espectadores que ouviram a famosa "Ciaccona", de Bach, pela primeira vez.

Mas o que as empresas podem aprender com tudo isso? Embora as Ciências Naturais possam medir cientificamente batimentos cardíacos e arrepios, os instrumentos de medição nos dão uma rasa descrição das propriedades, não insights sobre os aspectos em jogo. Existem milhões de maneiras de experimentar arrepios, todas densas e plenas de significado.

Compreendendo os mundos

Qualquer tentativa de estudar com precisão a descrição densa precisa examinar como o pano de fundo — o sistema de vários mundos — está estruturado. Que tipo de andaime invisível está presente em nossas vidas cotidianas, ditando nossas ações e corroborando nossas crenças? Essa ideia foi apresentada no Capítulo 2 por meio do conceito de *habitus*, de Pierre Bourdieu, mas pode ser explorada com mais profundidade pela lente das Ciências Humanas.

Em nossa linguagem do dia a dia, falamos do mundo dos negócios, do teatro ou das altas finanças. Esses são nomes de conjuntos de instrumentos, práticas e palavras que se conectam e se tornam um sistema, um *mundo*. Se quiser trabalhar no mundo do teatro, será bastante útil contar com itens como ingressos, palco, críticos e atores que compõem o mundo. Seria impossível alguém se tornar, por exemplo, um dramaturgo sem ter uma compreensão prévia dos fatores relevantes ao mundo do teatro. Quando um político não entende as regras do mundo da política, é imediatamente rotulado como "politicamente surdo". Somente os iniciados no mundo do *fly-fishing* (pesca com mosca) em águas salgadas saberá o que é uma grande competição, quando devem ficar quietos e como inclinar uma guia. Os conhecedores de jazz sabem quando aplaudir e o que pedir no bar. Desse modo, todos pertencemos a uma série de mundos que giram em sua própria lógica e definem as próprias regras. Quando um intruso entra — um etnógrafo, por exemplo —, ele tem a oportunidade de ver o familiar no estranho, e o estranho no familiar.

Como animais sociais, aprendemos as regras de nossos mundos com rapidez e nos adaptamos a elas coletivamente, assim como os instrumentos de uma orquestra sinfônica são afinados juntos antes de o concerto começar. *Harmonia* — entrar em sintonia com um mundo ou aprender suas regras — é uma habilidade social fundamental que todos temos e da qual precisamos se quisermos transitar pelos diferentes mundos sem problemas. Todo mundo conhece o fenômeno de entrar em uma festa quando se está de mau humor. Se a festa estiver boa, o mau humor passará logo, e acabaremos nos sintonizando com a alegria compartilhada no ambiente.

Para entender os mundos, é preciso compreender as normas sociais, ou seja, os costumes e práticas que todos (ou a maioria) seguem sem nunca pensar conscientemente a respeito. Todas as regras tácitas que seguimos todos os dias — presentes, porém invisíveis — podem ser examinadas pela fenomenologia. Se uma marca americana de refrigerante quiser lançar sua linha de produtos na China, uma providência extraordinariamente útil será entender como as pessoas se comportam com relação às refeições ou sempre que consomem refrigerantes. Um fabricante de vodka lucraria mais se conhecesse a postura das pessoas em relação à cultura de misturas e coquetéis. Uma empresa de automóveis cometeria menos erros se entendesse como as pessoas compram carros. Quando os executivos da empresa de calçados esportivos ficaram perplexos com a pergunta

"Ioga é esporte?", grande parte da confusão adveio das normas sociais. Ninguém pratica esporte sem competição. Esse comportamento normativo foi seguido com tamanha veemência dentro da cultura empresarial que era quase impossível para os executivos conceberem uma cultura alternativa.

Todos esses exemplos ressaltam que, apesar do que possamos pensar, não somos pessoas isoladas. Estamos, todos nós, situados em um contexto. Se quisermos compreender o comportamento humano, devemos entender o contexto, contrapor o holístico ao atomizado. Quando admitimos a importância do contexto, se torna impossível retirar pessoas e objetos das circunstâncias incorporadas.

Por exemplo, na estreia da comédia *Os deuses devem estar loucos*, de Jamie Uys, em 1981, uma garrafa de Coca-Cola cai do céu em uma tribo de bosquímanos do Kalahari. É um misterioso objeto de admiração — um presente dos deuses, com certeza —, e as pessoas tentam encontrar o melhor uso para ele. Seria uma arma? Um tubo de armazenamento? Um enfeite? No fim do filme, mesmo brigando para ver quem fica com ela, a aura da garrafa de Coca-Cola nunca se revela. Ou seja, fora do contexto o "conceito Coca-Cola" não faz o menor sentido.

É claro que nós, no Ocidente, temos uma relação completamente diferente com a garrafa de Coca-Cola. Se olharmos para a garrafa e nos lembrarmos da forma do corpo de uma mulher ou provarmos o líquido e formos transportados de volta à infância, o refrigerante será mais que um simples objeto. Como já dissemos, a garrafa de Coca-Cola funciona em toda uma série de mundos relacionais, que poderíamos chamar de *cadeias de significado*. Podemos estender ainda mais essa ideia, dizendo que todas as ferramentas — o que nos rodeia — são organizadas em cadeias de significado, quase sempre revelado pela frase iniciada com *a fim de*. Um martelo é apenas um martelo quando utilizado *a fim de* construir uma estrutura usada *a fim de* sustentar um abrigo, criado *a fim de* proteger a casa, proteção fornecida *a fim de* fazer o proprietário se sentir seguro. Bebo Coca-Cola *a fim de* ficar acordado, *a fim de* ser produtivo, *a fim de* ser bem-sucedido, *a fim de* ser amado e assim por diante.

Como a nossa compreensão do mundo é inteiramente contextualizada, só podemos compreender verdadeiramente nossas ferramentas — telefones celulares, cafeteiras, carros — quando esses objetos quebram. Só podemos entender o que significa estar on-line quando, de repente, a conexão cai. O telefone só faz sentido para nós quando alguém o leva embora. Só notamos a fila do café quando fazemos parte de um ambiente em que as pessoas não precisam formar fila para tomar um café. Tudo só desperta nosso entendimento, nossa mera consideração, quando está desconectado da cadeia de significado. É apenas por essa desconexão que ganhamos a verdadeira compreensão sobre nossos mundos.

Ciclo duplo

A grande diferença entre estudar os seres humanos e um objeto no mundo natural — por exemplo, uma folha — é que as folhas não têm consciência. Ao preencher um questionário sobre sua opinião sobre as marcas de cerveja, por exemplo, com que nível de precisão você relata seu comportamento? Você quer que os pesquisadores tenham determinada impressão a seu respeito? Você muda de comportamento de acordo com o que considera adequado ou não? Para início de conversa, você realmente pode responder às perguntas com alguma certeza? Afinal, há sempre uma pessoa observando você — compilando os dados da pesquisa, fazendo perguntas ou mesmo sentada do outro lado mesa tomando um café. Ela não consegue deixar de filtrar seu comportamento usando os próprios modelos mentais do mundo.

Mesmo os cientistas sociais, como os antropólogos, se comportam de acordo com um sistema invisível de regras, razão pela qual devem ser vigilantes no sentido de manter as próprias influências culturais sob controle. Este é o maior desafio da etnografia: à medida que a fronteira entre o sujeito e o objeto é derrubada — e, com ela, a promessa de uma realidade objetiva —, o etnógrafo deve sempre observar as próprias premissas ao mesmo tempo que analisa as da cultura. Esse fenômeno — que chamamos de *ciclo duplo* — é um enigma com o qual todos os cientistas sociais precisam lidar. Nas Ciências Naturais, é possível observar fenômenos de modo objetivo — o estudo de quarks ou do tamanho de uma estrela —, mas as Ciências Humanas exigem o ponto de vista do cientista. Quando uma pessoa observa o comportamento humano, não há visão, ela precisa reconhecer e avaliar as próprias tendências, o que nem sempre é tarefa fácil ou simples, mas qual é a alternativa? Como vimos, desistir de interpretar os fenômenos — e preferir analisar dados unidimensionais na forma de propriedades — é como desistir de 99% da vida como ela realmente é.

Os melhores estudiosos das Ciências Humanas tentam compreender os próprios valores e preconceitos, do mesmo modo como estudam os valores e tendências de outra cultura. Eles se entregam ao desafio e compreendem o cenário global — ou *constructo*, para usar a terminologia de Malinowski — que envolve tanto a mente analítica quanto a sensibilidade estética. O momento de clareza chega por meio da metodologia do raciocínio abdutivo.

Raciocínio abdutivo

Como fazemos descobertas? Como observamos os fenômenos e o que é capaz de prejudicar ou alterar nossa forma de observar o mundo? É certo começar com um conjunto de ideias em vez de partir do zero e ver aonde nosso trabalho nos levará? Em quais situações não há problema em começar com uma hipótese e testá-la? Em quais é melhor não ter qualquer tipo de noção preconcebida? Essas são maneiras diferentes de raciocinar em torno de um problema: uma preocupação presente no cerne de um debate secular sobre o método científico. No fim da década de 1800, o especialista em lógica e filósofo americano Charles Sanders Peirce ficou famoso pela definição dos três tipos de raciocínio usados para resolver problemas — abdutivo, indutivo e dedutivo —, cada um adequado para diferentes níveis de certeza.

Peirce afirmou que só o raciocínio abdutivo — que começa com a observação e avança para as hipóteses possíveis — poderia gerar novas ideias. A dedução é eficaz no desenvolvimento de uma hipótese, mas não consegue incorporar novas informações. O problema com o raciocínio indutivo, Peirce argumenta, é que a análise nunca chega à exaustão — sempre se podem encontrar novas maneiras de analisar a mesma situação. Como vimos no Capítulo 2, quando raciocinamos de modo indutivo, ficamos limitados a um conjunto de crenças, que serve muito bem para determinados tipos de problemas, com fatos conhecidos ou não. Contudo, a indução deixa de ser útil para os problemas que envolvem cultura e comportamento. Peirce descreveu no livro *The 1903 Harvard lectures on pragmatism* que o raciocínio abdutivo era, ao mesmo tempo, mais atraente e mais problemático: "A sugestão abdutiva chega a nós como um lampejo não disponível a todos. Trata-se de um insight, ainda que extremamente falível. É indiscutível que os diferentes elementos da hipótese já existiam em nossas mentes, mas é a ideia de reuni-los que lampeja a nova sugestão diante de nossa contemplação."

Para Peirce, a abdução consistia em procurar respostas. Embora algumas centenas de anos antes tenham sido dedicadas ao desenvolvimento da ciência e da convicção de que a Era Industrial poderia conquistar tudo, Peirce, no livro *First rule of logic* (1899), questionou o que pensávamos saber. "Não bloqueie o caminho da investigação", disse ele, apresentando quatro falhas que cometemos quando nos justificamos:

1. Afirmamos categoricamente que estamos certos.

2. Acreditamos que algo não pode ser descoberto porque não temos as técnicas ou tecnologias para tanto.

3. Insistimos em que algum elemento da ciência seja absolutamente inexplicável e incompreensível.

4. Acreditamos que alguma lei ou verdade está em seu estado final e perfeito.

Peirce rejeitou a noção de que qualquer teoria fosse "verdadeira", afirmando que ela poderia ser "quase verdade". Em outras palavras, ele acreditava que havia sempre espaço para melhorias e um interminável potencial para o surgimento de novas "verdades".

É fácil ver por que os cientistas rejeitam a ideia de que não se pode chegar ao fim de algo — que os "fatos" não são necessariamente conclusivos. Mas uma das contribuições mais significativas de Peirce foi a distinção entre o ato de fazer uma pergunta e o de fazer um julgamento, o que vivenciamos como dúvida e convicção, respectivamente: "A dúvida é um estado de desconforto e insatisfação contra o qual lutamos para nos libertar e passar para a convicção, que, por sua vez, é um estado calmo e satisfatório que não desejamos evitar nem mudar para uma crença em qualquer outra questão."

Por que é tão difícil mudar de ideia? Peirce alegou que nosso desconforto em relação à dúvida — não à falta de conhecimento — nos leva a nos apegarmos a ideias ultrapassadas e, às vezes, pura e simplesmente estúpidas. Nossa fé cega nos faz parecer com um avestruz que enterra a cabeça na areia para se esconder do perigo, enquanto, ao mesmo tempo, nega a existência de algo arriscado. Os seres humanos, como os avestruzes, tendem a não querer lidar com o que possa mudar suas convicções fundamentais. Se, para tanto, for preciso fechar os olhos para os indícios cada vez maiores ou calar a voz da razão, que assim seja.

Queiramos ou não, o raciocínio abdutivo é *incômodo*. Mas é somente por esse tipo de resolução de problemas que podemos alcançar o momento de clareza, a base da criatividade genuína.

Como veremos nas histórias de negócios a seguir, líderes executivos sentiram seus insights criativos antes do que imaginaram. Experimentaram uma alvorada seguida diretamente pelo momento de clareza. Seus insights não resultaram de exaustivos cálculos em planilhas ou de mirabolantes slides. Cada importante insight adveio de um processo de reflexão profunda envolvendo uma visceral conexão com os dados.

Nos próximos capítulos, vamos deixar a teoria um pouco de lado e analisar como um método como sensemaking se aplica aos desafios de negócios do mundo real. Para efeito de melhor orientação, dividimos o sensemaking em cinco fases:

1. Classificar o problema como um fenômeno.

2. Coletar dados.

3. Identificar padrões.

4. Criar os insights fundamentais.

5. Criar impacto nos negócios.

O momento de clareza é diferente para cada desafio empresarial. Nos capítulos que se seguem, vamos discutir como diferentes empresas têm utilizado esses métodos para encontrar os próprios momentos de clareza e como suas experiências podem servir de guia para seus esforços. Por exemplo, como precisou definir um direcionamento de longo prazo — a mais perfeita história de guinada empresarial —, o fabricante de brinquedos LEGO Group experimentou diversos momentos de clareza, que desbancaram as antigas premissas do grupo sobre como as crianças brincam. A Coloplast, fabricante de produtos médicos, por sua vez, usou um processo focado no design dos produtos de uma única linha de negócios dentro da corporação. Para essa empresa, o sensemaking culminou em um dramático momento de clareza, que mudou toda sua proposição de valor. Para empresas como Adidas e Intel, um processo não linear de resolução de problemas, com base em insights fundamentais está conduzindo toda a estratégia corporativa para o futuro.

CAPÍTULO 5

A reviravolta

LEGO

É UM MELANCÓLICO DIA DE FINAL de outono em Billund, Dinamarca. Em uma cidade com uma população de aproximadamente seis mil habitantes e meia dúzia de sinais de trânsito, seria de se esperar que existisse apenas um pequeno aeroporto com uma modesta lanchonete e uma única pista de decolagem. Porém, Billund conta com o segundo aeroporto mais movimentado da Dinamarca, com centenas de voos internacionais chegando e partindo todos os dias. Por toda a cidade, é possível ver a figura de seu principal benfeitor e cidadão honorário; na verdade, a sorridente figura do emblemático homem de terno amarelo da LEGO pode ser vista praticamente em todas as esquinas. Billund é o berço do Grupo LEGO, uma das maiores e mais respeitadas empresas do mundo que atuam no ramo de brinquedos.

Na sede da empresa, gigantescos tijolos vermelhos, amarelos e azuis são perfeitamente visíveis em meio à constante e sombria neblina. O balcão da recepção é, como você talvez tenha imaginado, um enorme tijolo partido ao meio. Logo na entrada, é possível ver um boneco em tamanho natural vestindo um traje amarelo e segurando uma tela de computador que expõe uma mensagem de boas-vindas. Considerando o orgulho por trás da marca LEGO, exibida por toda parte, é difícil imaginar que, há apenas oito anos, o emblemático bloco estivesse à beira da morte. A LEGO vinha experimentando uma surpreendente reviravolta desde 2004, ocasionada, em parte, por seu compromisso de adotar uma prática que realmente fizesse sentido.

Na década de 1930, o carpinteiro dinamarquês Ole Kirk Christiansen começou a desenvolver versões diminutas de seus projetos de trabalho — jogos e móveis de brinquedo. Em 1947, a matéria-prima de seu trabalho passou a ser o plástico, em substituição à madeira, e Christiansen acabou criando uma linha completa de brinquedos fabricados com esse material. Deu à empresa o nome LEGO, inspirado na expressão dinamarquesa *leg godt*, que significa "brincar bem", e, em 1958, a empresa patenteou o hoje famoso sistema de acoplamento ou encaixe de peças com apenas um clique. Nascia assim um brinquedo emblemático. A patente original permanece a mesma até hoje, decorridos mais de 50 anos.

Mas após décadas de crescimento e inovação — em 2000, a empresa se tornara o quinto maior fabricante de brinquedos do mundo —, a LEGO enfrentou uma grande derrocada. Em janeiro de 2004, anunciou um enorme déficit. De acordo com seus próprios cálculos, havia uma sangria no caixa da empresa, com perdas de cerca de $1 milhão por dia. O proprietário e CEO, Kjeld Kirk Kristiansen, neto do fundador, Ole Kirk Christiansen, resolveu adotar uma estratégia que provocaria uma grande reviravolta na empresa. Abdicou de seu cargo e indicou Jørgen Vig Knudstorp, ex-consultor da McKinsey, para assumir a posição de CEO da LEGO.

De alguma forma, a empresa, que conquistara o prêmio de Melhor Fabricante de Brinquedos do Século por *duas vezes*, perdera o contato com os principais consumidores. Como isso aconteceu? E como a LEGO superou a crise e desvendou o mistério que a envolvia?

"O retorno aos blocos"

As respostas são reveladas no compromisso da LEGO com uma investigação aberta. A empresa lançou mão de teorias baseadas nas Ciências Humanas e as aplicou ao método de sensemaking, explorando o comportamento dos clientes:

As cinco fases do sensemaking

1. Classificar o problema como um fenômeno.
2. Coletar dados.
3. Identificar padrões.
4. Criar os insights fundamentais.
5. Criar impacto nos negócios.

Fase 1: Classificar o problema como um fenômeno

Para a LEGO, classificar o problema como um fenômeno significava reformular a pergunta "Quais são os brinquedos que as crianças querem?" para "Qual é o papel de um brinquedo?"

Se você deparar com Paal Smith-Meyer na rua, talvez o confunda com um estudante universitário. Beirando os 40 anos e vestindo um blusão desabotoado, com um cavanhaque estilizado, a aparência desse homem não poderia ser mais descontraída. Mas Smith-Meyer, atual chefe do novo grupo empresarial, é uma das figuras mais influentes da área de design no comando da nova estratégia da LEGO.

Smith-Meyer iniciou a carreira na empresa em 1999 como designer. "Em minha concepção, a LEGO tinha tudo a ver com blocos. Portanto, você pode imaginar qual não foi minha surpresa no início do ano 2000 ao constatar que ali não havia nada de muito interessante — tudo girava em torno da *marca* LEGO", explicou.

A empresa procurava novas oportunidades de marca por meio da diversificação de atividades, produzindo personagens de ação e videogames. Ela abandonara seu público-alvo — jovens construtores — na tentativa de ganhar participação de mercado.

"O cenário começou a se parecer menos com a LEGO e a ficar mais legal", comentou Smith-Meyer. "Estávamos contratando muitos colaboradores conhecidos por suas habilidades como designers — especialistas em áreas como projetos automotivos."

Os consultores administrativos contratados para ajudar a empresa a racionalizar os processos deram início a um programa denominado Step Up, que ajudou os funcionários da LEGO a aperfeiçoarem seus conhecimentos dentro da estrutura corporativa. Infelizmente, muitos designers mais velhos e experientes não tinham a formação necessária para aproveitar a oportunidade.

"Os antigos designers, essenciais na comercialização do Drone e do Star Wars, não tinham condições de participar da mesma forma, então, grande parte do sangue vital da empresa foi se perdendo", lembrou Smith-Meyer. "Foi, de fato, uma época estranha, durante a qual tentamos manter aceso o interesse pelos blocos."

Durante esse período, a empresa trabalhou com base em vários pressupostos importantes. Estudos desenvolvidos internamente concluíram que as crianças estavam com um acúmulo de atividades e não lhes mais sobrava tempo para brincar. Com a sobrecarga de compromissos, pois começavam muito cedo a frequentar a escola e a desenvolver atividades de computação prematuramente, tinham pouco tempo para brincar. Diante disso, a LEGO se deu conta de que seu sistema de blocos, que exigia muito tempo, estava se tornando obsoleto.

A empresa constatou também a necessidade de competir com a gratificação imediata proporcionada pelos jogos eletrônicos. O espaço digital contava com tantos sons que a LEGO chegou à conclusão de que seus antigos blocos não tinham condições de concorrer com o estímulo propiciado pelos jogos eletrônicos.

Acima de tudo, a LEGO temia que sua tradicional base de clientes — garotos que se interessavam por construções — ameaçasse sua capacidade de entrar em mercados mais visados. Havia uma pressão para que a marca lançasse jogos mais agressivos, com cores mais escuras, mais violência e simulação de perigos. Se a sorridente cabeça amarela das miniaturas era a cara da antiga LEGO, a cara da empresa nos anos 1990 e no início dos anos 2000 era o Navy Seal. Uma mãe alemã entrevistada descreveu as expressões dos pequenos bonecos como as de seres "saídos diretamente do inferno".

"Eles queriam se livrar do estigma dos nerds", comentou Smith-Meyer. "Estavam lutando contra o conceito de que montar os blocos da LEGO era brincadeira de criança que não tinha amigos."

O DNA original da empresa — criatividade sistêmica por meio de blocos — foi abandonado em troca da expansão das novas linhas de produtos. Sem a modularidade dos principais produtos LEGO, brinquedos como os da linha ClickIts — tentativa de atrair garotas que gostavam de usar bijuterias e acessórios de encaixar e brincar — pareciam não pertencer à família LEGO. Conforme observou um funcionário da empresa, "se você cobrisse o logotipo da LEGO, não teria ideia de quem fabricara aquilo".

Os designers também estavam de mãos atadas pela nova confiança que os consultores em gestão depositavam em testes e grupos de discussão, comentou Smith-Meyer. "Nos testes de foco, as crianças escolhiam os Mega Blocks, fabricados pelos concorrentes, apenas porque eram maiores, não porque os preferissem. Na verdade, gostavam mais do LEGO original, mas os testes eram conduzidos em um ambiente artificial. O problema era que os estávamos usando para transmitir informações sobre o desenvolvimento de nossos produtos."

A despeito do enorme crescimento das ofertas de produtos, havia um crescente mal-estar que permeava a empresa. Em vez de falar aos verdadeiros fãs da LEGO, as ofertas da marca expandida falavam a consumidores teóricos.

"Tínhamos uma frase que usávamos para sintetizar o efeito 'uau, radical, muito legal'", comentou Smith-Meyer. "Era uma forma de descrever o que considerávamos criatividade desperdiçada. No início de uma temporada, mostrávamos uma centena de conceitos, e o evento funcionava quase como um parque de diversões para estimular a criatividade. Sempre fazíamos brincadeiras sobre a maneira como certos conceitos obtinham a resposta 'Uau!... Legal!... É isso aí!... Vai nessa!'. E perguntávamos: 'Que tipo de lógica é essa? O que isso significa?' Éramos contra o efeito 'uau, radical, muito legal' porque achávamos que era mais importante perguntar: 'Precisamos realmente disso? Será que acrescenta algo ao nosso portfólio? Será que *gostamos* mesmo disso?'"

Ao expandir a marca, a LEGO também acabava com as oportunidades de provocar sentimentos nostálgicos nos pais. De repente, todos os brinquedos LEGO pareciam diferentes e não mais despertavam uma memória prazerosa nos adultos. Alguns diziam: *"Eu me divertia com esse mesmo tipo de brinquedo quando criança!"*

"Eu estava em um de nossos grupos de discussão, na Alemanha", lembrou Smith-Meyer, "e os participantes começaram a falar sobre as novas mamães que tiveram filhos quando estavam na mesma faixa etária dos consumidores de nossa base de clientes. Os filhos das mulheres que haviam se divertido muito com a linha Playmobil também gostavam desse tipo de brinquedo. E adivinhe o que acontecia quando as mães tinham brincado mais com brinquedos da linha LEGO: os filhos preferiam brinquedos LEGO. Já as mães criadas na antiga Alemanha Oriental confessaram: 'Ah, na infância, não tínhamos muitos brinquedos, portanto brincávamos com o que estivesse ao nosso alcance — uma boneca; um velho ursinho de pelúcia.' E acrescentaram: 'Ah, meus filhos se divertem com qualquer brinquedo que esteja ao alcance'."

A cultura da brincadeira é um laço emocional entre as gerações tanto quanto uma interação entre as próprias crianças. Da mesma forma que nossos exemplos sobre a garrafa de Coca-Cola e o martelo, objetos como blocos LEGO ficam mais interessantes quando estabelecem uma relação com as pessoas que brincam ou brincaram com eles. A nostalgia existe em relação a uma infinidade de aspectos, porém não em relação a uma propriedade. Por essa razão, os pais nem sempre são capazes de externar aos profissionais de marketing seu desejo de ver versões de brinquedos que tiveram na infância, mas reagem imediatamente quando eles lhes parecem familiares.

"Naturalmente, nossos pesquisadores disseram: 'Não, vocês não podem falar de nostalgia. Não há provas que sustentem isso...'", observou Smith-Meyer. "Mas analisem o número de pais que cresceram brincando com produtos LEGO. Quando montamos um batalhão do corpo de bombeiros que se parece com o batalhão com o qual os pais brincavam quando crianças, ele vende. Quando o brinquedo não desperta esse tipo de recordação, os pais dizem: 'Vocês não teriam algo um pouco diferente?' Existem vários aspectos no desenvolvimento de um produto que as pessoas não conseguem enxergar. Especialmente quando o veem sob o ponto de vista gerencial ou apenas na planilha de cálculo, ou seja, quando não compreendem o sistema que está por trás da brincadeira."

No final de 2004, a LEGO estava à deriva em meio a um nevoeiro. Depois de 2003, ano que registrou um enorme déficit, as pesadas perdas de 2004 fizeram o CEO Knudstorp mudar de rumo. Como um sensível exame ambiental, ele sentia que algo estava errado. Com base no pensamento-padrão, sabia que a LEGO precisava cortar custos e se tornar mais eficiente, com operações aperfeiçoadas. Mas ele também intuía que algo mais se perdera além de números. Havia a perda mais imponderável da *conexão* com a essência da marca. Era algo mais profundo que apenas acrescentar novas linhas de produtos ou renegociar espaço físico com os varejistas. Knudstorp declarou que a empresa precisava compreender os desejos das crianças de forma mais abrangente. A LEGO não devia apenas reprojetar brinquedos para vender melhor, mas compreender o fenômeno do brincar.

Fase 2: Coletar dados

Para a LEGO, coletar dados envolvia diversos métodos para diferentes situações: observação participativa, entrevistas, estudo de objetos, narrativas, *card sorting*,[1] diários, vídeos e fotoetnografia.

Knudstorp reconhecia que, se quisesse realmente investigar um fenômeno tão profundo e rico como o de brincar, teria de pedir ajuda a especialistas. Patrocinou iniciativas para incorporar equipes de pesquisa treinadas — denominadas *antros* (humanoides) da LEGO — às famílias residentes em cidades americanas e nos subúrbios de Los Angeles, Nova York e Chicago e também às áreas metropolitanas de Munique e Hamburgo. As equipes coletaram dados durante meses. A LEGO elaborou álbuns de fotos, entrevistou pais e pediu que as

---

[1] *Nota da Tradutora*: Técnica usada para descobrir como o usuário classifica determinada informação na mente.

crianças escolhessem fotos e contassem histórias sobre as imagens refletidas que viam. Passaram semanas visitando os lugares que as crianças frequentavam e analisando a semiótica dos filmes e das histórias populares que representavam o mundo delas. As equipes entrevistaram especialistas em aprendizado e no desenvolvimento infantil enquanto analisavam lojas de brinquedos, espaços interiores para brincadeiras e playgrounds. Acompanharam pais e avós nas compras e também crianças e seus amiguinhos.

Smith-Meyer explicou como esse processo de coleta de dados passou a gerar novas perguntas entre os executivos da LEGO:

> Para nós, o processo era muito diferente. Em geral, analisávamos as tendências, desenvolvíamos os produtos e, então, os mostrávamos para as crianças nos grupos de discussão. O processo era sempre centrado em torno da seguinte ideia: "Ei, o que você acha deste...?" ou "Este é mais legal que aquele?". E esperávamos pela resposta das crianças.
>
> É muito diferente quando você visita as pessoas em suas casas. Nos grupos de discussão, as mães ficam sentadas em círculo em um espaço qualquer e, inevitavelmente, é estabelecida uma espécie de competição. Existe certa pressão para que elas digam o esperado. Em uma residência, você chega muito mais perto da verdadeira realidade. Enxerga mais do que está acontecendo, não o que as pessoas desejam ou esperam projetar. Você observa que os brinquedos estão espalhados por toda a casa, é uma confusão.

Em resumo, os analistas ficavam impregnados da cultura das famílias. Como etnógrafos, faziam o possível para observar a cultura, sem qualquer ideia preconcebida. Em seguida, depois que os dados eram coletados, a equipe processava cada bit de dados qualitativos originais utilizando um software, o que significava que todos os textos escritos, gravações de áudio, vídeos e gráficos eram estruturados e depois codificados em temas. O software permitia que os analistas criassem e manipulassem redes de comunicações com esses temas. Por meio do mapeamento de todos os possíveis padrões relevantes, as equipes estavam prontas para começar a explorar os complexos fenômenos ocultos nos dados de texto e multimídia. Em vez de fornecer dados brutos ou apenas listá-los, os pesquisadores asseguravam que as informações fossem organizadas de forma estruturada e transparente, para que as equipes pudessem identificar padrões com base em mapas visuais.

Fase 3: Identificar padrões

Com os dados coletados, classificados e disponibilizados, a fase seguinte era analisá-los, identificando padrões. O objetivo era encontrar temas mais amplos que permitissem conectar os dados por meio de um processo denominado *indicação formal*, que funciona em equipe e é construído em torno de uma conversa criativa e analítica.

Os membros da equipe de pesquisadores mergulhavam nos dados durante as conversas. Um deles comentou: "Passávamos o tempo todo perguntando: 'O que aquela criança está fazendo? O mesmo que esta?'." Após um intenso período de discussões sobre os dados, cada pesquisador se afastava e tomava sua decisão a respeito dos padrões mais relevantes. Os pesquisadores não só contribuíam com uma vasta experiência de vida, que incluía treinamento crítico no processo de identificação de padrões, como também incorporavam as próprias características. Mesclavam arte e ciência usando as próprias perspectivas a fim de discernir as experiências das crianças.

Quando todos os pesquisadores voltaram a se reunir, começaram a compartilhar suas escolhas. Um deles comentou: "Depois que decidíamos sobre os padrões, passávamos a nos perguntar: 'Isso pode realmente ser corroborado por dados?' E tratávamos de nos certificar."

"Vocês precisam refletir e conversar sobre isso", sugeriu um dos pesquisadores. "Ninguém dizia: 'Certo, primeiro vamos decidir, depois todos vão votar, e, então, vamos partir para o próximo passo.' O processo era essencialmente não linear."

Durante a sessão com o álbum de fotos, por exemplo, os pesquisadores observaram que os quartos das crianças de Nova Jersey costumavam ser meticulosamente projetados pelas mães. "Eles parecem saídos das páginas da revista *Elle Décor*", observou um pesquisador. Um quarto de criança em Los Angeles era excessivamente bem-arrumado, com um estiloso móbile de um avião pendendo do teto. "Parece um cenário", comentou um antropólogo, e a equipe se perguntou o que aquilo poderia significar. Eram crianças transportadas para lá e para cá em luxuosas caminhonetes durante as cuidadosamente planejadas atividades extracurriculares. Os pesquisadores observaram que as mães também "dirigiam" o desenvolvimento dos filhos. Tentavam moldar crianças criativas, divertidas, espontâneas, bem-humoradas, inteligentes e tranquilas, tudo ao mesmo tempo. Ao longo da conversa, a teoria crítica extraída das Ciências Humanas fornecia uma estrutura para as observações. Os pesquisadores comentaram que essa infância "dirigida" lembrava o "panóptico" de Foucault, no qual as atividades eram supervisionadas e sujeitas a medidas disciplinares. Um dos analistas fez um desenho que mostrava um círculo grande e outro bem pequeno. "Este é o espaço que costumávamos ter para brincar", explicou, apontando para o círculo grande. A seguir, apontou para o pequeno, dizendo: "Este é o espaço que hoje as crianças têm para brincar."

Naquela mesma sessão, vários pesquisadores relataram que as crianças escondiam fatos dos pais. Os observadores fizeram comentários sobre POS (Parents Over Shoulder — Vigilância dos Pais), tão predominante na atual era dos jogos eletrônicos. Um pesquisador contou que fora convidado a visitar o quarto de um adolescente para ver seu mais recôndito tesouro. O jovem pegou uma caixa de sapatos escondida embaixo da cama e confidenciou ao visitante que ela estava repleta de cogumelos alucinógenos.

Outro pesquisador relatou: "Pedimos a uma criança que descrevesse o quarto ideal em sua concepção. O cômodo tinha inúmeras armadilhas e portas secretas, como na série policial *CSI*. Tudo enviava a mensagem 'Afaste-se!'." Os antropólogos compreenderam que a caixa de cogumelos e um quarto repleto de armadilhas era uma reação contra a direção e a vigilância que ocorria na vida das crianças. Depois de prolongar um pouco mais a discussão, a equipe viu emergir mais claramente o seguinte padrão: as crianças se sentiam sufocadas.

"Essas crianças foram criadas dentro de uma bolha", comentou um dos pesquisadores. "Todos os espaços físicos são tutelados, administrados ou supervisionados por um adulto. Enquanto as crianças de antigamente costumavam encontrar liberdade e um razoável nível de riscos nas ruas, brincando pelas calçadas do bairro ou perambulando livremente pelos campos, as de hoje precisam encontrar liberdade em espaços virtuais por meio de jogos on-line ou em zonas imaginárias (como a caixa de cogumelos alucinógenos)."

Um importante insight ocorreu ao grupo em meio à discussão de todas essas observações. Um papel para essas crianças era encontrar bolsas de oxigênio longe da supervisão dos adultos. O grupo se deu conta de que elas estavam desesperadas para sorrateiramente inserir algum elemento de perigo em suas vidas. Se os pesquisadores tivessem usado um processo mais linear, que focasse as propriedades das brincadeiras infantis, a equipe jamais teria pensado em colocar cogumelos alucinógenos e armadilhas na mesma categoria. Mas a ação não linear de conectar os pontos revelou que o fenômeno subjacente de ambos os comportamentos era o mesmo.

Em outro momento da discussão, os pesquisadores relataram que tanto as crianças alemãs quanto as americanas tinham sistemas de classificação e hierarquia para tudo. Um dos pesquisadores contou ao grupo que um garoto criara um elaborado jogo que classificava os jogadores de futebol fictícios. O menino era capaz de recitar intermináveis estatísticas relativas a cada um dos jogadores imaginários. Outro antropólogo falou sobre a quase incessante discussão de placares de videogames entre um grupo de garotos. Ele disse que todos os dias havia uma nova avaliação da hierarquia com base nas classificações dos videogames. A equipe de pesquisadores abordou novamente o fenômeno: O que a atenção que as crianças dispensavam à classificação dizia a respeito do papel de brincar? A equipe constatou que, assim como os animais, as crianças usam as brincadeiras para estabelecer a ordem social e a hierarquia. Brincam para entender quem é alfa ou beta.

A observação de maior destaque girava em torno de um calçado velho. Um garoto alemão, de 11 anos, mostrou a um dos pesquisadores seu bem mais precioso. Não era um videogame ou o brinquedo da moda, mas um surrado par de tênis. Com carinho, ele mostrava cada estrago nas laterais e na sola do calçado, que dizia aos amigos que o garoto superara determinada dificuldade da prática do skatismo. A partir dessa observação, os pesquisadores identificaram um padrão mais amplo, que dizia respeito à destreza. As crianças brincam para adquiri-la e aperfeiçoar suas habilidades, que, se valiosas, serão preservadas. A dedicação do garoto alemão ao skatismo — e o prestígio social que o esporte lhe trouxe — jogou por terra todos os pressupostos anteriores sobre pressão do tempo e a necessidade das crianças de se sentirem imediatamente gratificadas quando brincam. Na verdade, de acordo com os analistas, ocorria exatamente o oposto. Para elas, a brincadeira mais significativa parecia envolver níveis de dificuldade e aquisição de habilidades. A equipe denominou essa percepção de "tração instantânea *versus* cumprimento de obrigações".

Essas e outras descobertas levaram os pesquisadores a identificar padrões fundamentais: as crianças brincam para se oxigenar, para compreender o significado da hierarquia, para adquirir destreza em determinada habilidade e para interagir socialmente. Os padrões foram resumidos em quatro categorias: sob o radar, hierarquia, destreza e interação social.

"Ainda guardo o caderno que usei naquele primeiro workshop", comentou Smith-Meyer. "Pensei: 'Por que não fazemos isso o tempo todo? Por que não conversamos com os participantes de grupos de discussão?' A LEGO empreendeu grandes esforços de pesquisa em relação ao ato de brincar, mas se transformaram em algo excessivamente acadêmico. Ela não encontra ressonância nas pessoas, com certeza, não no nível gerencial. Deveríamos procurar as famílias, são quem realmente usa nossos produtos."

Fase 4: Criar os insights fundamentais

Com os padrões em mãos, o próximo passo é definir o que eles significam para os negócios ou para a obtenção de insights fundamentais. Em muitas situações, isso ajuda a colocar as ideias em ordem, a fim de fornecer uma clara direção e focar determinada estratégia. Nessa fase, você cria ideias para solucionar o problema na essência do insight, o que poderia incluir ideias para novos produtos, serviços, interações entre clientes, tecnologias e outros aperfeiçoamentos. Se seu insight for profundo, você não precisará de muita imaginação para que lhe ocorram ideias certas. Porém, é importante analisá-las sob a perspectiva das pessoas que irão comprar, usar ou interagir com seus produtos. Muitas vezes, essa perspectiva pode ser construída ao redor de uma proposição de valor que defina o benefício que você está proporcionando ao mercado, bem como os vetores de inovação que poderão ser usados para orientar o desenvolvimento.

Em vez de se concentrar em falsos pressupostos, que diziam respeito à pressão do tempo, a LEGO retomou o contato com os principais consumidores: as crianças que desejavam adquirir destreza brincando com LEGO e que realmente tinham tempo e o desejo de se comprometer com a empresa.

Smith-Meyer explicou: "Quando você analisa apenas as pesquisas quantitativas, conclui: 'Uma criança comum não tem tempo.' Mas a realidade é diferente. Na verdade, 40% das crianças têm bastante tempo, enquanto outros 40% não têm tempo algum. A média não quer dizer nada. O que sabemos é que os brinquedos e jogos LEGO demandam tempo. Não devemos nos esquecer do conceito central da LEGO para encaixá-la na média. Devemos dizer: 'Os jogos LEGO tomam tempo...', e as pessoas dispostas a despender esse tempo o farão. As que não tiverem essa disposição irão em busca dos personagens de ação da Hasbro ou de algum outro tipo de brinquedo. Estávamos tentando nos livrar de nossa competência essencial."

O insight quanto ao desejo das crianças de adquirir destreza tinha implicações de design em relação a todos os produtos. "Agora fabricamos produtos que têm orgulho de pertencerem à linha LEGO", declarou Smith-Meyer. "Se você olhar as embalagens, saberá que o produto é LEGO. Não podemos obrigar alguém a brincar com blocos. As pesquisas nos permitiram tomar uma decisão a respeito de quem queríamos conquistar e que se transformou em um mantra: vamos começar a fabricar produtos LEGO para pessoas que gostam da empresa pelo que ela é."

Esse momento de clareza a respeito da conexão entre a LEGO e sua base de clientes resultou no novo lema da empresa: "Inspirar os

Construtores de Amanhã" e em um acesso mais amplo às comunidades de fãs, inclusive os AFOLs (Adult Fans of LEGO — Fãs Adultos da LEGO).

"Começamos a participar das convenções da AFOL e a fazer negócios com os integrantes dessa comunidade", comentou Smith-Meyer. "Essas pessoas eram muito mais dinâmicas e tinham um foco mais diversificado que o nosso ao pensar a respeito de um produto."

A categoria "sob o radar" que a equipe de pesquisadores propusera ajudou a LEGO a projetar brinquedos com um senso implícito do perigo. Uma das ideias era um caminhão de bombeiros para meninos — atraente e descomplicado — com uma característica "sob o radar". Uma série de instruções seria transmitida para sites que mostravam aos garotos como transformar o caminhão em armas e outros itens "perigosos".

O clube LEGO teve origem nessas discussões. Hoje, importante aspecto do ambiente de varejo da LEGO, o clube consiste em inúmeras arcas com blocos LEGO disponíveis gratuitamente para brincadeiras em todas as lojas. As crianças podem começar pelas arcas mais fáceis — blocos maiores, com menor número de peças — e progredir até as mais difíceis e que exigem um tempo maior para a construção de um modelo. As crianças menores observam e aprendem com os construtores mais velhos, criando assim uma rede informal de aconselhamento, com base em hierarquia e habilidades.

Os padrões mostraram também à empresa em que pontos reduzir custos. O CEO Knudstorp racionalizou os elementos disponíveis para novos kits LEGO, reduzindo o número de peças de 12.900 para 7.000. Em vez do projeto gratuito para todos, que caracterizou a década de 1990 e o início da década de 2000, hoje o desenvolvimento de produtos LEGO se concentra no fortalecimento do relacionamento com o mesmo consumidor essencial.

O Vice-Presidente Executivo, Mads Nipper, nos explicou a proposição de valor da LEGO:

> Desenvolvemos uma profunda compreensão do que o Grupo LEGO faz particularmente bem — não queremos fabricar algo apenas porque existe um mercado. Existem brinquedos que escolhemos fazer e brinquedos que escolhemos não fazer. Os blocos LEGO e suas variações continuam a ser a parte principal do que fazemos, intrínseca ao nosso DNA. Quando desenvolvemos novos blocos ou fazemos experiências com base em nosso sistema, procuramos assegurar que tudo que for acrescentado proporcione sustentação à criatividade sistemática. Se um sistema de construção for excepcionalmente bem projetado, permitirá infinitas composições com base no modelo criado — de instruções sobre construção que preenchem 200 páginas a uma ideia que se restringe apenas a uma ferramenta criativa com uma coleção específica de blocos que lhe permite fazer o que quiser. Acreditamos que essa combinação é possível; o principal requisito é construir um sistema muito bem pensado.

Fase 5: Criar impacto nos negócios

Uma das percepções que emergiu do estudo proporcionou à LEGO grande lucro e potencial de crescimento. Os pesquisadores continuavam a ouvir as crianças falarem sobre a vontade de se rebelar contra a autoridade: professores, pais e outros adultos. "Pela primeira vez, compreendi realmente o Nickelodeon", confidenciou um pesquisador. "Todas as histórias apresentadas por esse canal mostram crianças se rebelando. Há muita energia em torno dessa ideia para as crianças."

Mas quando os pesquisadores apresentaram essa possibilidade, os executivos da LEGO a rejeitaram e observaram: "Não tem a cara da LEGO." O insight tinha profundidade e potencial de mercado, mas não era atraente para a empresa.

"Em última análise, o impacto nos negócios deve provocar simpatia e pode ser até mesmo uma escolha ética para a empresa", observou um dos pesquisadores. "É louvável que a LEGO tenha rejeitado uma oferta desse tipo. Mostra que os executivos realmente prezam a missão da empresa."

"As pessoas continuam a perguntar como conseguimos dar essa virada", comentou Smith-Meyer. "Com tamanha rapidez, tanto interna quanto externamente? Mas o que eles deveriam perguntar é *por que* estamos fazendo isso. Em vez de perguntarmos 'Será que poderemos ganhar mais dinheiro?', deveríamos perguntar 'Isso acrescenta algo à nossa missão de inspirar os construtores de amanhã?'"

A LEGO iniciou sua jornada reformulando seu problema, passando a considerá-lo um fenômeno. A pergunta "Como reconquistar participação de mercado?" se transformou em "O que significa o fenômeno brincar?" Depois que a liderança executiva se envolveu de corpo e alma na coleta de dados, a equipe como um todo passou a tentar identificar padrões ou temas comuns que se encaixassem na grande estrutura analítica. A partir daí, a LEGO teve condições de criar e formular importantes insights que conferiram perspectiva genuína ao mercado.

A empresa não é a única a utilizar o sensemaking para alcançar esses momentos de clareza. No Capítulo 6, você irá conhecer os executivos da Coloplast, uma das principais empresas de tecnologia médica do mundo. Ao contrário da LEGO, a Coloplast tinha um desafio específico a superar: o pipeline de design de produtos. Não havia escassez de possíveis inovações na empresa, com frequência iniciadas pela equipe de P&D, mas a organização nunca conseguia responder adequadamente à mais fundamental das perguntas: Por que fabricamos o produto desse jeito? Graças ao método de sensemaking, a Coloplast finalmente atingiu um momento de clareza que a ajudou a criar significado e valor em toda a empresa.

CAPÍTULO 6

Design de produtos

Coloplast

Um alto executivo de uma grande empresa de suprimentos médicos procurava um novo direcionamento para um de seus produtos mais vendidos. Olhava para uma mesa de conferências coberta de propostas do departamento de P&D, com cálculos de valores líquidos atualizados, mas as cifras não pareciam corretas. Nada naqueles números lhe dizia como as pessoas tinham, de fato, experimentado o produto.

Ele deixou os cálculos de lado e iniciou um tipo diferente de processo exploratório, aplicando a etnografia para tentar descobrir qual fora a experiência das pessoas com o produto.

Contudo, quando os dados retornaram às mãos da equipe, os colaboradores ficaram estarrecidos. Como encontrar a agulha no palheiro quando você dispõe de milhares de fotos, gigabites de vídeo e intermináveis notas de campo, sem contar outros inúmeros dispositivos? Tentar resolver o quebra-cabeças a partir de tamanho volume de dados não é tão fácil quanto trabalhar com uma planilha eletrônica.

Mas o executivo não entrou em pânico. Em vez disso, deu um tempo para que os funcionários refletissem. Eles levaram meses estudando, discutindo e analisando os dados dentro de contextos críticos. À medida que a exploração prosseguia, os membros da equipe chegavam cada vez mais perto de descobrir qual seria o futuro do produto. Identificaram padrões nos dados, estabelecendo relações entre eles e, de repente, tiveram um momento de clareza.

Quando descobriram essa premissa principal, tudo ficou óbvio. Era algo que todos já sabiam, mas nunca o lançamento de um produto proporcionara esse conhecimento. Essa clareza finalmente lhes forneceu uma perspectiva: "É este o problema que precisamos resolver. É nesta direção que precisamos trabalhar."

"Qual é o problema que precisamos resolver?"

A Coloplast, líder do mercado europeu de produtos para cuidados com a saúde, iniciou suas atividades em 1954, quando uma enfermeira, chamada Elise Sørensen acompanhou a recuperação da irmã submetida a uma ostomia. Mas o procedimento cirúrgico — normalmente realizado em pacientes que sofrem de câncer do estômago ou do cólon — resultou em um *estoma*, que deixava a irmã constrangida e socialmente isolada. Sem qualquer tipo de dispositivo médico que resolvesse o problema satisfatoriamente, a irmã de Sørensen tinha pavor de sair, pois temia que a rudimentar bolsa caseira vazasse. Sørensen estava decidida a encontrar uma solução que permitisse à irmã ficar fora de casa sem se sentir ansiosa. Com a orientação de especialistas, a enfermeira projetou a primeira bolsa ostômica com anel adesivo do mundo. Como a bolsa foi projetada para aderir firmemente à pele, o risco de vazamento se tornava bastante improvável. Quando Sørensen viu a irmã pronta para ir a um evento social levando apenas um chapéu e um casaco, como qualquer outra mulher, se deu conta de que um novo negócio acabara de nascer.

Ao longo das últimas cinco décadas, a Coloplast vem se mantendo fiel à missão de sua fundadora. O quadro de enfermagem de uma instituição constitui parte essencial do processo de inovação. Essa empresa, hoje conhecida por fornecer produtos da mais alta qualidade, lidera o mercado mundial de artigos para tratamento da ostomia crônica, denominados "produtos para cuidados com a saúde íntima".

Nos tranquilos corredores dos escritórios corporativos em Humlebæk, Dinamarca, um pequeno museu exibe os primeiros modelos de bolsas ostômicas fabricados em meados do século XX. É um mundo particular — antes, permeado de vergonha e constrangimento —, hoje, mostrado abertamente e, com razão, celebrado. Uma pragmática sensibilidade e um profundo respeito pelo consumidor podem ser observados em todos os departamentos da Coloplast e contam muito de sua história e de seu enorme sucesso como fornecedora premium desse tipo de artigo.

Contudo, no final do século XX, a concorrência na área de tecnologia médica balançou a liderança da Coloplast. A empresa não mudara muito para se adaptar à nova dinâmica do mercado, fato que acabou se refletindo nos números. Em 2008, a Coloplast, cujo crescimento chegara a atingir dois dígitos e que durante 50 anos jamais deixara de atingir os objetivos, não conseguiu bater as metas de vendas quatro vezes *em um ano*. A corporação perdera completamente o rumo. O novo CEO, Lars Rasmussen, se juntou à empresa, e a Coloplast iniciou uma profunda investigação dos processos de marketing e inovação, a fim de descobrir por que o cenário estava tão ruim.

Rasmus Moller, que ocupava o recém-criado cargo de vice-presidente do mercado mundial de produtos para pacientes ostomizados, tinha plena consciência de que o departamento precisava de uma renovação total. Ele queria ser a pessoa a oferecer aos colegas o insight do século. Mas qual era exatamente a proposição de valor? Embora tivesse mergulhado de cabeça no trabalho e se familiarizado com cada produto que saía do pipeline de inovação, Moller percebeu que era quase impossível responder à mais fundamental das perguntas: "Qual é o problema que precisamos equacionar?"

Em 2009, quando Moller passou a trabalhar no departamento de produtos para cuidados com pacientes ostomizados, observou vestígios do caos que se instalara e comentou: "Parecia um filme de terror. Havia um número excessivo de produtos saindo do pipeline, todos eram fruto de tentativas de aperfeiçoar uma ou duas características simultaneamente, sem qualquer objetivo maior. Todos os lançamentos eram voltados a inovações tecnológicas e de engenharia. Quando perguntávamos 'Por que vocês querem realizar essa melhoria?', a única resposta que recebíamos era: 'Porque o produto ficará melhor assim...'"

O que Moller e seus colaboradores buscavam era uma *perspectiva* do mercado. O departamento estava impressionado com o volume de feedback das enfermeiras que cuidavam de pacientes ostomizados, grande parte do qual relacionado com reclamações de pacientes quanto aos produtos que utilizavam. Ao tentar resolver todos os problemas ao mesmo tempo, a Coloplast acabava por não resolver nenhum de forma satisfatória. A empresa perdera contato com a experiência essencial que fazia os pacientes associarem a ostomia aos produtos da Coloplast. Além disso, o tal filme de terror estava custando uma fortuna à empresa, pois havia muitos produtos novos, porém nenhum blockbuster.

Era hora de abandonar os modelos de negócios mais tradicionais e lineares. A Coloplast — particularmente, o departamento de produtos para tratamento de ostomizados — estava preparada para empreender uma jornada, para "mergulhar nos dados", conforme observou um dos funcionários.

"Nosso objetivo era encontrar uma perspectiva para que pudéssemos responder à pergunta: 'Por que estamos fazendo isso?'", comentou Moller. "Queríamos ter condições de poder dizer: 'Se você trabalhar com a Coloplast, é este o problema que vamos resolver.' As enfermeiras sempre têm ideias sobre aperfeiçoamentos: 'E o que dizer dos ruídos emitidos pelas bolsas, da aderência à pele ou isto ou aquilo?...' Meu ponto de vista me leva a dizer: 'Tudo isso é importante, mas, no momento, não é prioridade.'"

Kristian Villumsen, novo vice-presidente sênior do marketing global da Coloplast, iniciou a carreira na McKinsey, na filial da consultoria em Copenhagen. Embora apreciasse o aspecto da resolução de problemas, inerente às suas atividades como consultor, ele não se sentia muito satisfeito com os resultados:

> "Em grande parte do trabalho que desenvolvíamos, a ideia subjacente era a de que problemas podiam ser definidos, classificados e, então, solucionados. A armadilha dessa abordagem — resolução de problemas em um tempo limitado com base em hipóteses — é que, às vezes, o processo se transforma em um jogo de adivinhação. Não havia muito tempo para discussões e nenhuma cultura que permitisse erros — tempo para explorações —, sobretudo logo na primeira vez. A mentalidade de muitas pessoas que trabalhavam na McKinsey era: 'Fomos contratados para fornecer a resposta *certa* aos clientes.' Eram pessoas que, desde os primeiros tempos de escola, sempre davam a resposta certa. A correria era tanta, que às vezes um estudo levava apenas 90 dias, quando deveria ter levado seis ou mesmo nove meses. Antes de solucionar um problema, era preciso defini-lo, mas despendíamos pouco

tempo fazendo perguntas essenciais: 'Este é realmente o problema certo a ser resolvido? O que, de fato, estamos tentando compreender?'"

Em 2008, quando Villumsen teve a oportunidade de ingressar na Coloplast — um de seus antigos clientes — e deixar o trabalho como associado da McKinsey, achou que era uma oportunidade perfeita para enfrentar o desafio de solucionar problemas empresariais de forma diferente. O novo trabalho parecia talhado para ele: "O CEO foi despedido logo depois que assumi, e a empresa estava em palpos de aranha, com incêndios brotando por todos os lados. Não havia uma programação clara, tampouco um direcionamento. Comecei a pensar que havia acabado com minha carreira." Villumsen observou que decidiu aproveitar a caótica atmosfera para dar início a um estudo qualitativo mais profundo, de longo prazo:

> "Havia toneladas de dados disponíveis, mas um número muito reduzido de insights, considerando que a empresa iniciara suas atividades 50 anos antes. Investimos milhões em pesquisas de mercado e, ao receber os resultados, fazia as seguintes perguntas: 'Quantos mercados foram avaliados pela empresa?' ou: 'Que produtos foram usados?' Mas as avaliações eram muito antigas ou o pessoal não se lembrava. Em um dos estudos, pretendíamos avaliar os aspectos importantes no tratamento da ostomia. Foram selecionados 250 fatores diferentes, e pedimos a mil entrevistados que os classificassem. Foi um fracasso total. Concluímos que o problema eram os vazamentos. Mas isso já tinha sido constatado. Tentamos ir além, ter uma ideia genuína, encontrar uma explicação plausível."

O método de sensemaking aplicado a um desafio específico

Como Moller, Villumsen também percebeu que a razão fundamental da presença da Coloplast no mercado de produtos para cuidados com pacientes ostomizados era meio nebulosa. Não que os empregados não tivessem capacidade para resolver problemas. A empresa tinha décadas de experiência em engenharia de ponta e contava com competentes equipes de pesquisa e desenvolvimento para resolver problemas, mas não sabiam quais eram esses problemas. Precisavam aplicar o método de sensemaking começando pela Fase 1, conforme descrito no Capítulo 5: *reclassificar o fenômeno*. A Coloplast mudou o foco de "como vender mais produtos?" para "como nossos clientes lidam com a ostomia? Como vivenciam isso?".

A pedido de Villumsen, uma equipe de pesquisadores da área de Ciências Sociais deu início então à Fase 2: *coletar dados*. Encarregados de observar pacientes ostomizados, conviviam com eles no dia a dia, quando estavam perto de amigos e familiares, quando caminhavam pelas ruas e, talvez mais importante, quando estavam em sua própria casa. Além disso, os pesquisadores coletaram insights e observações junto a 600 enfermeiras que cuidavam de pacientes ostomizados. Todo esse material bruto era encaminhado a Villumsen, Moller e a outros colaboradores da Coloplast na forma de vídeos, diários, fotos, poemas e outros dispositivos. Aparentemente, não havia um único PowerPoint na empresa.

"A fase da coleta de dados acabou ficando muito mais criativa e muito mais *real*", observou Villumsen. "Em geral, os estudos mostram clássicos exemplos de gráficos e mapas que, no frigir dos ovos, não têm praticamente qualquer significado. Parte do material ao qual fiquei exposto durante a aplicação do sensemaking era tão rudimentar que eu podia tocar as fotos e os diários, folheá-los e quase senti-los.

Eu tinha a sensação de que podia examinar os corpos estampados nas fotos. Esses dados tinham uma textura completamente diferente."

A Coloplast estava profundamente mergulhada no sensemaking, mas os insights — e a busca por uma perspectiva de mercado — não se concretizaram nem rápida nem facilmente. Villumsen explicou:

> Nesse tipo de trabalho, você precisa se permitir experimentar o que puder a partir dos dados. E se não ficar confuso, precisará refletir um pouco mais sobre eles e sobre a busca por uma perspectiva de mercado.
>
> Navegar por todas essas fontes de dados e adquirir uma perspectiva a respeito deles ou interpretá-los envolve não só bom senso, como também capacidade de análise. Tudo se transforma em um processo estético, que, na verdade, ocorre em função da experiência, do treinamento e do temperamento da pessoa. Você concede a si mesmo tempo suficiente para experimentar os dados antes de formar uma opinião sobre o material?

A Coloplast — Villumsen, Moller e os colaboradores — estava pronta para começar. As pessoas mergulharam nos dados com pesquisadores treinados que, por sua vez, imergiam na vida dos pacientes ostomizados. Tentaram refletir sobre o fenômeno isentos de qualquer ideia preconcebida, tarefa não muito fácil para quem foi treinado em uma cultura linear para resolução de problemas.

"Sou uma pessoa muito impaciente e estava ansioso para formar uma opinião rapidamente", confessou Villumsen. "Eu tirara algumas conclusões antes mesmo de começarmos, e os pesquisadores precisaram me aconselhar, dizendo: 'Espere um pouco! Espere e verá...' Havia um grande benefício em me permitir fazer explorações."

Alguns pacientes externavam frustração, enquanto outros mencionavam vergonha e constrangimento. Um deles falou sobre o primeiro momento em que mostrou a bolsa ostomática à namorada; outra descreveu a relação próxima que se estabelecera entre a ostomia e seu marido. Muitos falaram sobre aquele terrível momento — durante um casamento, uma reunião de negócios, uma aula — em que perceberam que a bolsa estava vazando.

A fase de imersão nos dados proporciona insights específicos sobre pessoas específicas. É subjetiva sem ser míope; contudo, não tem a robustez necessária para se expandir, para que possa ser aplicada a um conjunto maior de dados. Portanto, após um rico período explorando todo esse material, chega a hora de olhar além das camadas dependentes de contexto e procurar padrões discerníveis. Essa é a Fase 3: *identificar padrões*. Exatamente conforme ocorre nas Ciências Naturais, os dados precisam ser analisados, combinados e classificados em padrões e perspectivas para que possam adquirir algum significado.

Genevieve Bell, mencionada no Capítulo 7, é a antropóloga e cientista social mais poderosa da Intel. Ela insiste em que é a lente interpretativa — identificar padrões e obter insights essenciais —, não os conjuntos de dados ou os números dentro da coorte, que conferem ao processo poder e relevância.

"Mesmo sem a teoria, qualquer pessoa pode executar um trabalho de campo", ela afirma. "Nem todos conseguem realizar um bom trabalho, mas a maioria pode ser treinada. O impossível é treinar pessoas para que desenvolvam análises, sem as quais o resultado é apenas uma reportagem. Dessa forma, deixamos também de ter grupos de discussão. Mas por que se preocupar com análises? Precisamos de uma lente interpretativa."

Na opinião de Bell: "Sempre que você visita uma casa, o omitido é tão importante quanto o que é falado."

"As hesitações, a linguagem corporal, os objetos usados e a disposição deles na casa. Tudo que não é verbalizado e que conduz a observações do tipo 'sei que essa pessoa *disse* que eles adoram seus produtos', mas, quando abrimos a gaveta na qual guardam artigos desse tipo, os produtos de sua empresa continuam dentro da caixa. Então, que significado tem a frase 'eles adoram seus produtos'? Se você não usar uma lente analítica para responder a essa pergunta, estará transcrevendo o que as pessoas dizem, o que não lhe dirá nada sobre a forma como o mundo funciona. Se o que as pessoas dizem fosse verdadeiro, o mundo seria um lugar diferente."

Mesmo agora, com o processo já bastante avançado, é comum cometer erros e fazer movimentos falsos. Na verdade, é parte integrante do processo. A equipe da Coloplast trabalhou em parceria com os pesquisadores para construir um modelo que mostrasse como observações diferentes estavam, de certa forma, relacionadas, e tentaram brincar com a teoria de que os pacientes tinham medo do próprio estoma.

"Talvez fosse verdade que os pacientes tinham medo do próprio estoma, mas isso não explicava nada", observou Villumsen. "Não nos levava a um verdadeiro momento de clareza. A teoria precisava nos mostrar algo mais, e não havia nada de elucidativo nesses primeiros insigths."

"Aquele não era um momento surpreendente", acrescentou Moller. "Há muitos aspectos com os quais me preocupo no nível racional, mas eu precisava *sentir* algo a respeito daquele insight."

A fase de identificação de padrões talvez revelasse algo mais, dando forma a componentes ou temas mais amplos que poderiam estar relacionados. Mas ainda não tinha grande coerência.

"De acordo com os dados, as enfermeiras continuavam a dizer frases do tipo: 'Não existe um produto perfeito, pois não existe um paciente perfeito' ou: 'É um bom produto, mas não é adequado a todos os pacientes'", lembrou Moller. "Podíamos enxergar algo ali, mas não tínhamos um caminho claro para solucionar o problema. 'Não existe um produto perfeito.' Caramba, o que isso quer dizer?! Que seria preciso desenvolver cerca de dois milhões de produtos? É óbvio que não seria viável, então sobre o que estamos falando?"

Embora pareça um contrassenso, muitas vezes, é nessa fase tardia do processo que se instala a maior confusão. Temas e padrões não param de surgir; existem várias questões a serem reunidas, porém nenhuma teoria ou interpretação de longo alcance que proporcione clareza. É semelhante à experiência de olhar para uma foto fora de foco. Todos os elementos estão ali, mas você ainda precisa daquele insight essencial para que tudo fique nítido.

Os membros da equipe da Coloplast estavam atravessando esse mesmo estado de incerteza ou falta de foco. Então, começaram a entender: *cada pessoa tem um corpo diferente*. As equipes de P&D estavam concentradas em criar avançados polímeros tecnológicos com capacidade de adesão, mas nenhuma dessas inovações — que provocavam os mais variados pesadelos — abordava preocupações essenciais. A equipe chegou à conclusão de que o corpo de uma pessoa ostomizada é, de fato, diferente. Tem cicatrizes e protuberâncias; muitos pacientes emagrecem muito, outros ganham muito peso. Essa diversidade provocava inúmeras reclamações quanto à adaptação e a vazamentos. O departamento de P&D estava usando uma inovação orientada pela tecnologia para projetar o corpo perfeito — como o de um manequim de loja —, embora o corpo de pacientes ostomizados tivesse as mais variadas formas e tamanhos.

Mollen pensava: "O estômago das pessoas que têm hérnia é saliente, e, nesses casos, é muito difícil adaptar uma bolsa ostomática, mas esse grupo representa apenas 20% do mercado. Estávamos concentrados em fazer produtos para os 80% restantes. Contudo, quando começamos a dizer que *nem todas as pessoas têm o mesmo tipo de corpo*, compreendemos que não existe esse percentual de 80%. Os corpos são diferentes, portanto os nichos estão no mainstream."

Villumsen ampliou essa explicação:

"O setor todo tem falado sobre a eliminação de vazamentos. Isso não se traduzia em tudo que havíamos feito, pois acreditávamos que tínhamos resolvido o problema. Assim, um grande número de inovações estava acontecendo ao redor de outros benefícios menos importantes: ruídos, odores, aparência etc. As pesquisas representaram um sonoro sinal de alerta para nós — não tínhamos resolvido o problema. E não éramos só nós. Ninguém tinha. Era surpreendente — um setor que movimentava bilhões de dólares anunciando que tinha resolvido um problema fundamental; mas, quando examinamos de perto... nem eles, nem nós, ninguém tinha resolvido. Tivemos de retomar algo inacreditavelmente básico e, depois que o fizemos, percebemos que a resposta era óbvia: *as pessoas tinham corpos diferentes*. Compreendemos que tudo que fizéramos estava relacionado com a adaptação ao corpo. De repente, tudo se encaixava. Era tão óbvio — tão verdadeiro! Essa elementar conclusão proporcionou direcionamento e estrutura para tudo e nos infundiu confiança para retomarmos nosso pipeline de produtos. Sob vários aspectos, me proporcionou uma base para prosseguir, uma forma de avaliar e distinguir o bom do ruim, uma direção a seguir."

O momento de clareza.

Para a equipe da Coloplast, as peças díspares adquiriram foco. O insight essencial ganhou maior amplitude e maior capacidade de replicação do que observações realizadas a partir de um único ponto, permitindo que amostras maiores fossem validadas. Mais importante ainda, esse insight nos fez seguir em frente para a criação do impacto comercial.

"Depois que assimilamos o conceito de que 'as pessoas têm corpos diferentes, mas os produtos são sempre iguais', senti o poder daquele insight", observou Moller. "Essa perspectiva me permitiu entrar em ação. Percebi que, com ela, eu poderia mudar algo e fornecer estímulo para que outras pessoas fizessem o mesmo."

A Coloplast passou a classificar o corpo humano em categorias. Por meio da condução de um estudo no qual pedimos a mil pessoas que enviassem fotos do próprio corpo em diferentes posições, a empresa analisou formas de agrupar vários tipos de corpo. Transformou um mercado de milhões de consumidores em um com alguns tipos de corpos ostomizados. Hoje, os produtos são projetados para responder aos desafios de desempenho de tipos específicos de corpo. Foi-se o tempo dos produtos de borracha adesiva fabricados com tecnologia de ponta: o filme de terror. Hoje, produtos seletos saem do pipeline e somente quando se enquadram em uma das categorias de tipos de corpo.

"Talvez, pela primeira vez, as pessoas sintam que existe uma clara razão para trabalharmos com produtos relacionados com o cuidado de pacientes ostomizados", observou Moller. "Na reunião da equipe de vendas realizada na França, depois que anunciamos o conceito BodyFit e nossa classificação dos tipos de corpo, todos aplaudiram de pé. Se a perspectiva é boa, é muito fácil se sentir empolgado com ela."

Quando Villumsen e sua equipe identificaram aquele insight fundamental, na verdade, haviam detectado significativa distinção, ou seja, a perspectiva deles em relação ao mercado. Eles não tinham condições de resolver todos os problemas relativos ao design do produto, portanto, precisavam resolver o mais importante.

No capítulo a seguir, analisaremos a maneira como a Intel e a Adidas usam a estrutura teórica das Ciências Humanas para criar distinções significativas em toda a empresa. Nessas organizações, os momentos de clareza levaram a radicais mudanças culturais, que afetaram todas as linhas de negócios. Agora que a Intel e a Adidas adotam regularmente uma investigação aberta para solucionar problemas, exemplificam a mudança de paradigma ocorrida em todo o mundo empresarial. A isso damos o nome de era da *inovação orientada por perspectivas*.

CAPÍTULO 7

Estratégia corporativa

Intel e Adidas

NESTE CAPÍTULO, APRESENTAMOS DOIS MÉTODOS bastante diferentes de inovação orientados por perspectivas, utilizados em duas empresas completamente diferentes. Na Intel, Genevieve Bell, a mais influente cientista social do setor, está liderando uma revolução dentro da empresa. Por meio de determinados esforços, a Intel está empreendendo uma mudança radical, passando da inovação voltada para a engenharia para a inovação focada nas experiências do cliente. Bell precisa lançar mão de seu arsenal de ferramentas relativas às Ciências Humanas — da etnografia à fenomenologia, passando pelo reconhecimento de padrões — para desenvolver essa nova perspectiva tanto dentro como fora da empresa. Ao mesmo tempo que a visão de Bell está moldando o futuro da Intel, sua jornada também exemplifica os obstáculos inerentes a qualquer grande mudança estratégica.

James Carnes, por sua vez, criativo diretor de desempenho esportivo da Adidas, enfrenta um tipo de desafio totalmente diverso. Em 2004, a Adidas desfrutava de uma posição extremamente bem-sucedida, tanto no lançamento de um número cada vez maior de produtos como também no sentido de proporcionar lucros aos acionistas, mas perdera de vista suas origens. Enquanto a Intel busca uma perspectiva do futuro, a Adidas constatou que precisaria analisar o passado. Embora seus executivos, como Carnes, tivessem conhecimento da filosofia do fundador da Adidas, Adolf "Adi" Dassler, só depois que descobriram um componente tangível da visão estratégica de Dassler, se deram conta do quanto haviam se desviado dela. Com as observações de Dassler como o ponto culminante da investigação aberta realizada pela empresa, a Adidas conseguiu reorganizar o relacionamento com os consumidores e, ao mesmo tempo, proporcionar aos acionistas lucros 10 vezes maiores.

Intel: O futuro da informática está nas experiências

No final da década de 1990, a Intel Corporation, maior fabricante de chips semicondutores do mundo, criou uma pequena divisão denominada People and Practices Research Laboratory (Laboratório de Pesquisas em Práticas e Pessoas). O grupo de cientistas sociais — que incluía vários antropólogos culturais, psicólogos cognitivos e linguistas — utilizava as ferramentas teóricas nas quais tinham sido treinados para transformar uma empresa voltada para engenharia e tecnologia em uma organização focada nas necessidades e desejos dos reais usuários. Em setembro de 2011, cerca de dez anos mais tarde, o então CEO da Intel, Paul Otellini, anunciou oficialmente à empresa que o futuro da informática não mais estaria concentrado nos PCs, mas nos telefones celulares, dispositivos integrados, tablets, dados e na nuvem. Sua palestra inicial culminou em um gigantesco slide de PowerPoint no qual estava escrito: "O futuro da informática está nas experiências."

Você pode até pensar que começar com um pequeno laboratório de pesquisa e avançar até uma perspicaz adaptação dentro de uma empresa de peso como a Intel fosse uma estratégia planejada, desenvolvida após meticulosas pesquisas voltadas para o processo, mas estaria enganado. As páginas que se seguem apresentam outra forma de analisar a história da Intel.

Uma mulher entra em um bar...

Conforme já mencionamos, Genevieve Bell é a mais poderosa e influente cientista social da Intel — diretora do Interaction and Experience Research Group (Grupo de Pesquisas em Interação e Experiência) e uma das mais respeitadas estudiosas do setor. Em 1998, era uma expatriada australiana que acabara de concluir o doutorado em Antropologia Cultural, em Stanford. Certa vez, passara a noite em Palo Alto bebendo com uma amiga em um bar, tentando consolá-la de uma desilusão amorosa. Bell, na casa dos quarenta anos, era carismática e tinha um caráter generoso, que ela considerava "tipicamente australiano".

"Um dos frequentadores do bar tentava conquistar minha amiga", ela comentou, "e fiquei presa ao conversar com ele. Ele perguntou qual era minha profissão, e respondi que me formara em Antropologia. Então, ele perguntou: 'O que se faz com isso?' Ao que respondi: 'Pesquisas, aulas e outras boas atividades.' Ele observou: 'Você me parece uma pessoa interessante.' Retruquei: 'Não me leve a mal, companheiro, mas você não'".

O "cara" — que depois ela descobriu ser um empreendedor do Vale do Silício, na terceira tentativa de recomeço — continuou insistindo. No dia seguinte, Bell, que já voltara para casa, recebeu um telefonema. O rapaz conseguira seu número de telefone após ligar para todos os departamentos de Antropologia na área da Baía de San Francisco.

"Ele disse: 'Quero lhe oferecer um emprego.' Bell respondeu: 'Já tenho um.'. Ele continuou: 'Quero lhe oferecer um melhor porque continuo achando você uma pessoa interessante.' Ela retrucou: 'Pois continuo achando que você não é interessante, e agora está me parecendo cada vez mais esquisito.'"

Por fim, ele conseguiu convencê-la ao insistir em pagar um almoço para ela — o que soou como música aos ouvidos da recém-pós-doutora —, e Bell partiu para a reunião que acabou por levá-la a um importante redirecionamento na carreira. Após ter impressionado os colegas do rapaz, foi recrutada por uma incomum afiliada da Intel dedicada a pesquisas, a Intel Architecture Labs. A recôndita empresa ficava em Portland, Oregon, longe do burburinho do Vale do Silício, onde a cultura da maioria das empresas era voltada para a tecnologia.

"Minha chefe direta", observou Bell, "era uma mulher chamada Chris Riley, psicóloga egressa da Bell Labs. Seu grupo era denominado End-User-Driven Concept Group (Grupo de Conceito Voltado ao Usuário Final). Quando ouvi esse nome, observei: 'Não tenho ideia do que significa.' Assim que possível, renomeamos o grupo para People and Practices Research Lab (Laboratório de Pesquisas em Práticas e Pessoas)".

Na concepção da Intel, o trabalho desenvolvido em Portland era uma anomalia. Quando Bell assumiu, das oito pessoas que constituíam o grupo de Riley, seis eram PhDs em Ciências Sociais. Enquanto os escritórios da Intel no Vale do Silício eram famosos por suas "marchas de nerds" — longas filas de homens entrando no prédio às 9 horas, vestidos com largas calças cáqui modelo cargo e camisas com protetores de bolsos —, o laboratório de Riley era um ambiente bastante informal, no qual era comum ver cientistas sociais trajando calças jeans ou sandálias de dedo Birkenstock. Mais importante ainda, desde que Bell ingressara na empresa, ficou claro que o grupo de Riley queria conversar sobre como as pessoas experimentam tecnologias

— a forma como trabalham e se divertem no dia a dia —, não sobre assuntos relacionados com engenharia. Mas o laboratório — aliado ao instituto maior que lhe dava suporte, a Intel Architecture Labs — não conseguiu explicar a Bell o que procurava.

"Eles não sabiam por que tinham me contratado", observou Bell. "Craig Kinnie, um dos fundadores do laboratório, compreendera que o mundo estava mudando. Naquela época, em 1998, os PCs começavam a invadir as residências, e [os pesquisadores] se deram conta de que não entendiam o que isso significava. Perceberam também que o mercado em que atuavam se aproximava cada vez mais da globalização, e tampouco faziam a mínima ideia do que isso viria a significar. Portanto, estavam em sintonia com o desconhecido. Convidar cientistas sociais para trabalhar com eles foi a forma que encontraram de adquirir alguns insights a respeito do que desconheciam."

Os gestores da Intel, que tinham um modo de pensar mais avançado, perceberam que a empresa estava ficando nebulosa. O *status quo* do setor de informática estava em vias de ser abalado por mudanças sísmicas nas atitudes e comportamentos das pessoas, o que levaria ao desenvolvimento de novas interfaces computacionais. Embora a tecnologia da Intel continuasse de última geração, não havia qualquer indicação clara de que o mercado consumidor tinha interesse em acompanhar as inovações.

"Em meu primeiro dia", lembrou Bell, "Riley, minha nova chefe, disse: 'Precisamos de sua ajuda em dois assuntos. O primeiro: mulheres.' 'Quais mulheres?', perguntei. 'Todas', respondeu Riley. 'Você precisa de ajuda com relação às 3,2 bilhões de mulheres existentes no mundo? O que você quer saber?', retruquei. Riley explicou que precisavam saber o que as mulheres queriam. Como se não bastasse, acrescentou: 'Tem mais...' Logo pensei: *homens*. E ela disparou: 'Precisamos compreender o ROW (Rest Of the World).' 'O que significa ROW?', perguntei. 'O restante do mundo', esclareceu. 'Você gostaria que eu a ajudasse a entender as mulheres e todas as outras pessoas do mundo, exceto os Estados Unidos?' 'Seria bom', respondeu".

Embora parecessem absurdas, as solicitações da chefe refletiam todos os territórios desconhecidos pelos quais a Intel precisaria navegar nos anos que estavam por vir. Será que a empresa conseguiria projetar modelos de produtos capazes de atender a todos os integrantes da crescente classe média mundial? Será que essa multinacional precisaria identificar e projetar produtos específicos para determinado país ou região? A Intel precisava compreender as experiências dos usuários em todos os níveis. Teria de deixar de lado parte de sua proficiência e tornar seu processo de inovação mais eficiente para que refletisse as necessidades de todos os clientes.

Bell e seus colegas encararam o desafio com autoconfiança. "Naquela ocasião, nos reunimos e decidimos que iríamos mudar a empresa. Fizemos até mesmo um pacto, segundo o qual nossos esforços — as iniciativas do grupo People and Practices — precisariam ser maiores que os da administração corporativa. Mas todos concordaram que, se trabalhássemos com afinco, a administração iria ao nosso encontro no meio do caminho."

E assim, em 1998, a partir de um pequeno posto avançado distante dos escritórios corporativos, uns poucos analistas especializados em Ciências Humanas se comprometeram a redirecionar a cultura de uma empresa que contava com 60 mil empregados. Prometeram impulsionar as inovações se concentrando em dados etnográficos sobre a experiência humana e corporativa. Com uma rica história e conhecimento de antropologia aplicada aos negócios, Bell e seu grupo sabiam que a única forma de compreender a abordagem da Intel ao cultivo de mercados emergentes seria entender a relação da organização com ela mesma. Antes que pudessem mudar a cultura corporativa, seria preciso analisá-la.

Portanto, um método semelhante ao sensemaking foi adotado à medida que Bell e seus colegas reformulavam o fenômeno. A pergunta: "Em que aspectos a cultura da Intel é diferente das Ciências Sociais?" mudou para "O que temos em comum?".

"Tanto na área das Ciências Sociais como na de Humanas, somos treinados para manter em mente ideias conflitantes sem que sintamos necessidade de resolvê-las imediatamente", comentou Bell. "Por outro lado, o mundo da engenharia, embora exploratório, sempre precisa buscar a melhor solução. Na administração, é semelhante: qualquer parte do negócio que não diga respeito a soluções de engenharia deriva da economia keynesiana e do laissez-faire, que acredita na existência de atores racionais. 'Um ator racional consegue otimizar as soluções.' Bem, hoje sabemos que nem sempre as pessoas otimizam as questões e que, com certeza, nem sempre são racionais."

Ao lançar um olhar antropológico e analítico à cultura da Intel, Bell e os colegas compreenderam melhor os desafios que iriam enfrentar nos esforços para mudar o modo de pensar da estrutura administrativa. Ela falou sobre as surpreendentes associações hoje existentes entre os antropólogos e os líderes empresariais:

> Fiquei realmente surpresa ao saber o que é exigido de um executivo em uma empresa como a Intel. Cada vez mais, assim como ocorria no mundo acadêmico das Ciências Sociais, é preciso que a mente retenha várias realidades conflitantes ao mesmo tempo. Um executivo deve ser capaz de reter a realidade do que a empresa precisa ser no momento e dali a 10 anos, e, frequentemente, esses conceitos são conflitantes. Precisa também assimilar realidades de diversos mercados em relação aos quais as fórmulas para atingir o êxito são completamente diferentes. Nos Estados Unidos, é preciso pensar em milhas por galão

e em processos que não afetem o meio ambiente; já na China, é preciso acelerar o passo. Para os executivos da Intel, cuja cultura é voltada para a engenharia, é realmente difícil. Eles foram ensinados a pensar que a dissonância deve ser resolvida na concepção: "Existe uma resposta correta e precisamos encontrá-la."

Pensar demais no passado pode provocar estagnação

Pela interpretação de um grande volume de dados relativos à cultura corporativa, Bell e os colegas chegaram à conclusão de que antigos e acalentados mitos atrapalhavam o avanço da empresa. Analisaram algumas lendas e narrativas mais arraigadas, inextricavelmente entrelaçadas no DNA corporativo. Para surpresa geral, descobriram que a história da fundação da Intel — Gordon Moore e a famosa Lei de Moore — fornecia um direcionamento incorreto aos esforços de inovação.

"A Lei de Moore dizia que os semicondutores passariam a ser menores", explicou Bell, "mas nada dizia a respeito do que as pessoas fariam com eles ou por que os consumidores deveriam se interessar. Começou a ficar cada vez mais claro para todos que as preocupações dos consumidores eram diferentes das nossas. Eles não estavam necessariamente interessados em nossas histórias". Bell se perguntou como a Intel poderia elaborar uma narrativa menos focada nos semicondutores e mais voltada a identificar em quê os consumidores estariam interessados. Grande parte do desafio consistia em ajudar a Intel a contar uma nova história, não só para o mundo exterior como também para si mesma — processo que Bell compara a uma "terapia narrativa para corporações".

"Como moldar uma nova história sobre a fundação que promova o avanço das inovações e, ao mesmo tempo, preserve importantes aspectos do passado?", se perguntou. "Mudar sutilmente o mito da criação de uma empresa pode fazer a conversa avançar de formas bastante interessantes. É um modo diferente de analisar as razões que provocam a estagnação de uma corporação."

Embora Bell e os colegas do laboratório tivessem mergulhado fundo em questões relativas a narrativas e liderança, boa parte da herdada investigação aberta — que visava a análise dos detalhes, dos menores aos mais importantes — dizia respeito aos pormenores das rotinas e rituais do dia a dia. Assim como um antropólogo que desenvolve um trabalho de campo poderia estudar os ciclos das colheitas em uma comunidade rural ou mapear as fases de lua cheia em uma vila de pescadores, Bell e os colegas coletavam dados referentes ao calendário orçamentário da Intel e aos lançamentos estratégicos. Passaram a conhecer a fundo os mobilizadores do poder na Intel: os responsáveis pelo processo decisório, os que exercem influência, as reuniões realmente importantes, as regras que podiam ou não ser quebradas. Esse conhecimento talvez os tenha levado ao insight mais importante: "Se você realmente quiser estabelecer uma ponte entre negócios e Ciências Sociais, precisa estar disposto a se esforçar para que isso aconteça", observou Bell. "Não complique nem simplifique demais, apenas transmita a mensagem de maneira que a administração possa processar. Precisa também estar disposto a reiterar essa mensagem milhares de vezes."

Uma das principais divergências entre a equipe inicial do People and Practices Research Lab (Laboratório de Práticas e Pessoas) e a cultura da Intel, voltada para a engenharia, envolvia o debate entre características e aspectos, entre atributos empíricos e formas específicas, de acordo com as quais esses atributos eram documentados e experimentados.

No início, os executivos da Intel não sabiam o que fazer com o trabalho de Bell e seus colaboradores. "Nos dois primeiros anos, passávamos boa parte do tempo explicando a eles como nos avaliar", observou Bell. "No primeiro ano, todas as palestras que dávamos começavam com a seguinte frase: 'Vejamos agora o que é antropologia', 'Vejamos agora o que é etnografia' ou 'Vejamos agora por que vocês deveriam ter interesse nisto'." Inevitavelmente alguém perguntava: "Qual é o tamanho do conjunto de dados?". E respondíamos que essa era a pergunta errada. Se você se concentrar nas perguntas "Qual é o meu N e meu N é maior que mil?", significa que não está prestando atenção. "Esse tipo de número não representa uma forma útil de refletir sobre o que fazemos." Bell não estava falando de elementos quantificáveis, mas de como podemos ver a inovação de um ângulo diferente por meio das Ciências Humanas. Por essa razão, ela teve dificuldades em estabelecer um caminho pelo qual uma cultura tão orientada pela engenharia como a da Intel pudesse encontrar a riqueza de seus mais diversos tipos de dados.

Contudo, em 2004, como resultado dos crescentes e incessantes esforços, o grande "navio petroleiro" da Intel começou a dar sinais de mudança de curso. Bell estava dando uma palestra em uma das sessões de planejamento para os mais altos executivos da Intel. Ela se levantou e convidou a administração sênior a utilizar a experiência dos consumidores para impulsionar a inovação.

"Comecei a falar, e ninguém dizia nada. Eu tinha material para falar durante 30 minutos em uma sessão de 45 minutos, pois, supostamente, haveria perguntas, mas, depois de eu ter falado por 15 minutos, ninguém tinha feito uma pergunta ou comentário. Passei para a apresentação dos slides — e não observei qualquer contato visual, nada. Eu pensava: 'A situação está muito ruim...'. Então, de repente, Paul Otellini, na época o provável futuro CEO, levantou a mão para me interromper. Prendi a respiração. 'Genevieve', ele disse, 'você poderia voltar e explicar aquele slide? (e mencionou o número do slide).' Respondi: 'Sem dúvida!' A atmosfera da sala mudou imediatamente. Todos se levantaram. Eles deviam estar pensando: 'Bem, se o futuro CEO está prestando atenção, então devemos prestar também'."

Em vez de prosseguir com o restante da apresentação, Bell precisou retornar ao segundo slide para responder a uma enxurrada de perguntas. Terminou a palestra com sua visão do futuro: "Se a Intel pretende se transformar em uma empresa de plataformas, precisaremos nos orientar pela experiência e teremos de descobrir como fazer isso *desde já*."

No primeiro intervalo, Bell mal conseguiu se levantar da cadeira. Foi rodeada por membros da administração sênior, ansiosos por continuarem a discussão.

"O primeiro a se manifestar foi o rapaz que comandava o departamento de eletrônicos de consumo e perguntou: 'Você está falando sério?' Respondi: 'Claro que sim!'; e ele disse: 'Bom! Preciso de você. Quero adotar essa estratégia. Quando podemos começar?' E o segundo disse: 'Endosso as palavras dele. Também quero. Preciso de sua ajuda.' O terceiro interveio: 'Você vai ajudar esses rapazes? Em vez disso, ajude meu departamento!'"

Bell procurou sua chefe e lhe disse que a empresa estava preparada para "uma mudança". Era hora de os "soldados da infantaria" das Ciências Humanas se infiltrarem por todos os cantos da empresa. Bell deixou o People and Practices Research Lab e formou seu próprio grupo de 20 pesquisadores, em parceria com um dos chefes do departamento. Os outros membros do laboratório a seguiram e foram transferidos do escritório de Portland para os principais departamentos da matriz, em Santa Clara.

Seis meses mais tarde, Craig Barrett se preparava para participar da última reunião como CEO da Intel quando pediu a Bell que desse a mesma palestra daquela reunião sobre estratégia. Mas o grupo era ainda menor: 300 dos mais importantes tomadores de decisão e executivos da empresa.

"Craig se levantou antes que eu começasse a palestra", lembra Bell, "e, se dirigindo aos participantes, disse: Quero que vocês ouçam o que essa mulher vai dizer. Talvez ela tenha um sotaque engraçado, talvez não goste de muitos de nós, mas representa o futuro da empresa, portanto, prestem atenção nela'".

A Adidas: Atletas e consumidores não são rótulos contraditórios

No início deste livro, apresentamos a história de um executivo sênior que passava por um momento nebuloso. Durante uma rotineira sessão sobre estratégia, ele se perguntou: "Ioga é esporte?", o que o levou a começar a fazer as perguntas mais fundamentais sobre os produtos fabricavam e vendiam. O que fazemos nesta empresa? Como nos definimos? Com que tipo de negócio estamos envolvidos?

Esse executivo sênior é James Carnes, da Adidas. Ele trabalha longe da sede da empresa, em Herzogenaurach, Alemanha. Toda vez que atravessa o *campus*, tem oportunidade de observar fotos de atletas sendo premiados com medalhas de ouro, caixas com calçados próprios para caminhadas, cobertos de poeira proveniente do solo de estádios olímpicos, além de um exemplar do tênis Samba da Adidas, lançado em 1950, o primeiro calçado a exibir as três emblemáticas listras brancas.

Na verdade, sua empresa está tão impregnada de história que até mesmo os gestores mais antigos não compreendem plenamente que, no passado, a organização atravessou um nevoeiro tão denso que quase a levou ao naufrágio. Somente quando mergulhou fundo no método sensemaking, a Adidas realmente entendeu que sua nova perspectiva do mercado a levaria de volta ao ponto de partida.

Um início lendário nem sempre é o bastante

A história de Adolf "Adi" Dassler, fundador da Adidas, tem uma qualidade mítica. Experiente sapateiro, ele queria encontrar uma forma de fazer calçados esportivos que agradassem a seus ídolos do esporte, os quais ele tanto reverenciava. Ele próprio um atleta, conseguia se colocar no lugar dos astros do esporte, imaginando suas necessidades específicas nas quadras, nos campos e nas pistas de corrida. Em 1936, Dassler procurou o corredor mundial Jesse Owens e projetou um par de calçados com pinos (*spikes*) feitos à mão para o atleta usar nos jogos de Berlim. Com o calçado feito por Dassler, o corredor acabou ganhando quatro medalhas. A partir daí, a hoje famosa relação entre os calçados de Dassler e a elite da comunidade de atletas ficou estabelecida. Vários astros, como Muhammad Ali, Franz Beckenbauer e Zinedine Zidane, ostentaram as icônicas três listras em suas jornadas pelo mundo dos esportes.

Mas, no final da década de 1990, o navio começou a ficar à deriva. Várias fusões com outras empresas do ramo de artigos esportivos denotavam que a Adidas estava sob pressão para criar valor aos acionistas. A delicada e artesanal tarefa desempenhada por Dassler — que incluía um workshop na empresa com modelistas e fabricantes de couro — começou a ser solapada quando grande parte das operações de fabricação da empresa foi transferida para a Ásia. A parceria de longa data entre a Adidas e os atletas de elite foi substituída por jovens em início de carreira na Nike. Esses habilidosos recém-chegados conseguiram contratos publicitários com grandes astros do basquete, como Michael Jordan.

Carnes sentia que o navio se desviava do curso, sensação que começou com mudanças sutis no clima da empresa. "Ainda continuávamos a faturar bastante", comentou. "Nos Estados Unidos, sempre estivemos entre as cinco marcas esportivas mais conceituadas, mas sabíamos que faltava algo. Teria a ver com a distribuição? Será que precisávamos de um número maior de produtos em outros países? Ou contar uma história a cada temporada? O processo de questionamento continuava a nos remeter aos consumidores: Do que eles precisam de nós?"

Naquela época, em 2003, a abordagem da Adidas à inovação era focada em avanços tecnológicos e na melhoria dos calçados e dos itens de vestuário esportivo. A criação de produtos tinha lugar no que poderia ser chamado de circuito fechado entre as equipes de desenvolvimento de produtos da Adidas e atletas profissionais. A premissa tinha décadas de existência: a empresa desenvolve produtos para os melhores atletas — os 5% que compõem a nata —, e 95% das vendas deverão ocorrer depois que as pessoas virem os calçados nos pés de seus ídolos, seja no futebol, no basquete ou no tênis.

Naturalmente, como qualquer outra corporação, a Adidas tinha um vasto volume de dados sobre os consumidores. Sabia quantas horas por semana um garoto de 14 anos praticava esportes; quais eram as cores de sua preferência; os nomes de todos os seus ídolos do esporte; quanto ele (e seus pais) gastariam por ano em equipamentos esportivos; e qual seria o tamanho da fatia que a Adidas poderia realisticamente conquistar em comparação com as marcas concorrentes. Não havia carência de informações — características, não aspectos — do consumidor-alvo. Tanto que a empresa tinha um nome para esse tipo de consumidor: "o garoto". *O que o garoto quer nesta estação?*

Mas algo incomodava James Carnes. Quando andava pelas ruas da cidade, ele via pessoas correndo, caminhando em direção a academias de ginástica, praticando mountain biking, carregando colchonetes usados na prática da ioga. Embora essas pessoas parecessem levar um estilo de vida ativo, não eram particularmente fãs de um esporte específico. Não participavam de ligas, e nada indicava que tivessem ídolos nas competições clássicas. Em vez de se locomoverem por longas distâncias, que as levariam a grandes espaços abertos para praticar exercícios, elas davam um jeito de se exercitar dentro da zona urbana, o que explicava por que toda vez que Carnes andava pelas ruas, deparava com esses "atletas".

Qual é o *significado* de esporte?

Na tentativa de obter uma compreensão mais profunda do que estava acontecendo, Carnes reuniu alguns dos próprios designers e os colocou para trabalhar com analistas da área de Ciências Humanas. Estavam no final de julho, e nos tranquilos meses de verão do Hemisfério Norte, Carnes conseguiu alocar parte do tempo da equipe para treinamento no uso de um método aberto, parecido com sensemaking. Não se tratava de um projeto de alto nível planejado durante meses, não estava incluído no "ciclo anual de desenvolvimento de projetos" e não precisara da aprovação da alta gestão. Era uma tentativa de adquirir uma compreensão do que estava acontecendo com as atividades urbanas que se assemelhavam às práticas esportivas. Ao conversar com os analistas, Carnes reformulou o fenômeno. Em vez de perguntar: "Como vendemos equipamentos esportivos?", a reflexão giraria em torno de: "Qual é o *significado* de esporte?".

A equipe saiu a campo e dedicou um bom tempo a um seleto grupo dessa nova tribo. Após coletar e analisar dados, identificou um crescente grupo de pessoas que praticavam esportes, mas não se autodenominavam atletas. Essas pessoas não treinavam para vencer determinado jogo ou torneio, mas para manter a forma. Em 2003, a Adidas praticamente nada tinha a oferecer a esse tipo de consumidor específico, a despeito do potencial desse segmento para formar o maior grupo consumidor de equipamentos esportivos da década futura.

O método de sensemaking revelou vários padrões. Alguns lembravam crenças profundamente arraigadas na cultura da Adidas, enquanto outros eram radicalmente contrários ao espírito da empresa. O princípio básico da Adidas era oferecer produtos de alto desempenho a atletas. A investigação revelou que os atletas urbanos também tinham grandes expectativas em relação ao vestuário e aos equipamentos esportivos que adquiriam. Estavam dispostos a pagar por calçados, trajes e outros equipamentos que lhes proporcionassem o melhor desempenho na prática de exercícios. Até aí, tudo bem.

Mas outro padrão revelou que os atletas urbanos estavam em busca de roupas estilosas. Naquela época, a Adida projetava roupas que funcionavam extremamente bem nas pistas de corrida ou nos campos de futebol, mas os produtos não eram particularmente elegantes ou estilosos. Na verdade, a empresa promovia uma linha de trajes e calçados modernos, mas projetados tendo em mente uma casa noturna, não aulas de ioga. Grande parte dos atletas urbanos praticava exercícios em lugares movimentados, pelos quais passavam pedestres e pessoas que iam às compras, e esses atletas queriam parecer elegantes quando estavam no "palco urbano". Trajes multicoloridos de fibra sintética não satisfariam a esse grande grupo. Embora a Adidas nada tivesse em sua linha de produtos que atendesse às necessidades desse grupo, a colaboração da renomada designer britânica Stella McCartney mudaria isso pouco tempo depois.

Finalmente, ficou claro que essas pessoas contextualizavam sua prática rotineira de exercícios dentro de um relato mais amplo. As pessoas faziam exercícios, fosse correr, praticar mountain biking, ioga ou frequentar uma academia de ginástica, como parte da tentativa de levar uma vida mais saudável. Esses mesmos atletas urbanos também eram profundamente determinados no sentido de adotar uma dieta considerada saudável, calcular sua ingestão diária de cafeína e de outras substâncias, medir a frequência cardíaca durante o desempenho de uma série de atividades. Procuravam formas de manter a própria motivação para praticar esportes: "Posso comer um bombom trufado à noite se eu fizer toda a minha série de exercícios" ou "Vou saber se emagreci quando conseguir entrar naquele pretinho básico que acabei de comprar numa liquidação". Em 2003, as empresas do setor esportivo não participavam da conversa com os consumidores. Nenhuma delas os ajudava a permanecerem motivados por meio de incentivos estruturados; nenhuma os ajudava a desenvolver rotinas de treinamento; e nenhuma tinha um ponto de vista sobre nutrição. Na cabeça dos atletas urbanos, esses tópicos, bem como rotinas que colaboravam para a manutenção da forma física, faziam parte de toda a narrativa de uma vida saudável, mas, naquela época, nenhuma empresa do setor esportivo era considerada um confiável participante desse diálogo.

Carnes e sua equipe tentaram ir além do reconhecimento de padrões e definir os principais insights. A Adidas precisava adotar uma abordagem holística em relação aos atletas urbanos, oferecendo-lhes produtos de alto desempenho, dotados de estilo e, ao mesmo tempo, ajudando-os a manter a motivação. Somente se a empresa participasse da conversa sobre vida saudável, esses atletas passariam a lhe dar importância. O que poderia ajudar a equipe de Carnes a ligar todos esses pontos e chegar ao momento de clareza?

Os dados que levaram à resposta a essa pergunta não apareceram em uma planilha eletrônica, tampouco em uma apresentação em PowerPoint. Na verdade, tinham sido compilados à moda antiga — à mão. Certo dia, Carnes entrou no escritório carregando cópias das anotações originais de Adolf "Adi" Dassler sobre a empresa. Até então, somente membros da família tinham acesso a essa coletânea, agora fielmente transcrita pelo assistente de Carnes e disponível para os empregados:

> Lidere, não copie.
> Qualidade e criatividade caminham de mãos dadas.
> Tente sempre simplificar ao máximo qualquer processo.

Funcionalidade, adequação, peso, estética e qualidade são os ingredientes de um produto Adidas.

Nossos produtos precisam ser sempre reconhecíveis como produtos Adidas.

"Algo calou fundo a respeito da essência da empresa", comentou Carnes. Ele não tinha medo de atuar no grande palco e de ser um empresário instigador, mas sua verdadeira personalidade estava nos bastidores. Carnes sintetizou essa ética de bastidores com a seguinte frase: "Não posso me apresentar no grande palco, a menos que esteja, de fato, por trás daquilo que estou oferecendo a esses atletas."

Embora os dados originais de Dassler tivessem sido encontrados anos após o início da implementação do método de sensemaking, esse fato forneceu à equipe o insight principal sobre a maneira de abordar os atletas urbanos. Carnes teve um momento de clareza: atletas e consumidores não eram rótulos contraditórios. Os padrões de Dassler — ou seja, a filosofia essencial da empresa — proporcionaram à equipe de design de Carnes uma direção e uma referência na qual se basear para avaliar seu próprio conceito sobre os produtos que a empresa vendia. Se os esportes urbanos estão em pé de igualdade com o basquete ou o futebol, a Adidas precisa oferecer produtos com qualidade, funcionalidade e estética. Precisa liderar, não copiar, dentro dessa nova categoria de esporte como estilo de vida. Mais importante ainda, todos os produtos devem ser reconhecíveis como artigos fabricados pela Adidas.

Os fundamentos do método de sensemaking variam muito, dependendo do tipo de empresa. Por exemplo, enquanto Bell e sua equipe descobriram que a história original da Intel estava atravancando seu desenvolvimento, a narrativa por trás da Adidas e de seu fundador permitiu que Carnes e a administração sênior finalmente unissem os pontos. A Adidas fora criada para fabricar os melhores produtos possíveis para atletas, independentemente do nível de profissionalismo deles.

Os insights advindos do processo de sensemaking constituíram os alicerces que viabilizaram uma transformação mais ampla na Adidas. A empresa passou de uma marca esportiva exclusivamente para atletas (tendo como grupo-alvo secundário o restante dos mortais) para uma marca inclusiva, que conclamava a todos a se juntarem em um movimento por uma vida melhor e mais saudável. Mudou da criação de slogans corporativos direcionados aos aficionados por esportes de alto rendimento, como "Impossible is nothing" (O impossível não é nada) para a criação de mensagens democráticas, embora com certo cunho ambicioso, como a campanha "All In" (Aposte tudo). A empresa, que no passado teve como foco exclusivo os esportes clássicos, hoje se dedica também a atividades esportivas urbanas definidas mais amplamente e, ao mesmo tempo, continua a dispensar a mesma atenção aos detalhes e ao desempenho de sua diversificada linha de produtos.

Atualmente, Carnes mantém um slide em PowerPoint do documento original de Dassler para ser usado sempre que precisa de uma dose de inspiração. Ele o projeta na parede de seu escritório para que possa ler os diminutos — porém precisos — garranchos do padrão que encerra os preceitos de Adolf "Adi" Dassler: *Somente o melhor para o atleta.*

A Intel e a Adidas estão chegando a novas perspectivas no âmbito global da empresa, se dedicando a um profundo, rico e muitas vezes desordenado processo de sensemaking. Essa jornada exige que os gestores aprendam a se comunicar com os colegas. Além de desempenhar as tarefas rotineiras, Bell se tornou perita em *explicar* seu trabalho a eles. As duas empresas exigem confiança em tipos de dados radicalmente diferentes: Carnes e sua equipe gerencial estavam abertos às inspirações das anotações de Dassler, e os padrões do fundador se transformaram em uma valiosa peça do quebra-cabeça do processo de sensemaking. Tanto Bell quanto Carnes finalmente entraram em sintonia com a segunda atividade mais importante dos respectivos setores. Continuavam a indagar, observar e a se perguntar: 'O que está, de fato, acontecendo?' Transmitiam esse espírito aos colegas, admitindo que não tinham todas as respostas. Em suas respectivas jornadas, Bell e Carnes seguiam em frente sem qualquer previsão, em um esforço de realmente experimentar o mundo dos consumidores.

"Os melhores antropólogos admitem que não sabem nada", concluiu Bell. "Toda vez que éramos procurados por um chefe de departamento, fazíamos questão de afirmar que estávamos à disposição para o que precisasse. Eles apareciam com um projeto, e dizíamos: 'Não temos a mínima ideia de como podemos ajudá-los, mas vamos tentar.' Estávamos sempre dispostos a participar, pois é assim que as conversas começam a mudar. 'Você está enfrentando um desafio profissional? Não temos ideia de qual é a resposta, mas tudo bem — vamos lá!'"

O futuro, tanto para a Intel como para a Adidas, não está, de modo algum, garantido. Se qualquer das duas empresas espera manter participação do mercado valendo-se de mudanças radicais, precisará avaliar constantemente sua liderança. No próximo capítulo, discutiremos as características ímpares necessárias a um líder que pretenda adotar um método de resolução de problemas semelhante ao sensemaking. Um líder que se inspira nas Ciências Humanas é caracterizado por uma poderosa alquimia, que mescla inteligente política, proficiência tecnológica e anos de experiência. Embora não exista receita fácil para cultivar essas habilidades, há certos atributos patentes em todos os grandes líderes. Não se trata de ser a pessoa mais brilhante da reunião, tampouco de analisar todos os números e apresentar o plano "certo". E, com certeza, não se trata de passar a vida trancado na sala do conselho de administração ou isolado em um escritório no canto do andar, alheio às experiências e ao comportamento dos consumidores.

CAPÍTULO 8

Como liderar para alcançar o momento de clareza

SE VOCÊ CAMINHAR PELO MOSES Hall, no *campus* da University of California, em Berkeley, provavelmente verá um Karmann Ghia conversível, verde-escuro, estacionado do lado de fora. A probabilidade é que a capota esteja abaixada. Não é raro ver seu dono dirigindo para cima e para baixo na principal via de Berkeley, até mesmo na chuva. Esse carro pertence a um homem que, indiscutivelmente, é o principal especialista do mundo em fenomenologia: Hubert Dreyfus.

A decoração de seu escritório é extremamente simples: pilhas e mais pilhas de livros. Como Dreyfus é um proeminente especialista de Heidegger, não é surpresa que várias cópias do livro *Ser e tempo* (Petrópolis: Vozes, 2006) sejam mantidas juntas e presas com elásticos grossos. Uma prateleira inteira é destinada a Kierkegaard. Ele admite sua invejável admiração pelos trabalhos de Husserl. Do lado de fora, sinos badalam. É um icônico recanto acadêmico, o lugar perfeito para se lançar sobre uma vida dedicada à mente. Então, por que *nós* estamos aqui? Apesar de tudo o que discutimos neste livro, será que um mestre das Ciências Humanas como Dreyfus realmente tem algo para nos dizer sobre como administrar um negócio? Achamos que sim.

Dreyfus passou toda a carreira promovendo a ideia de que a capacidade de priorizar experiências e responder ao mais relevante é o que diferencia os seres humanos das máquinas. Essa mesma habilidade — a capacidade de ter uma perspectiva em relação a um problema — está no coração de todas as grandes lideranças empresariais.

Hubert Dreyfus, agora com 83 anos, parece menor e mais frágil que há algum tempo. É difícil acreditar que esse era o filósofo que chefiou todo o Departamento de Ciências da Computação do MIT, em 1965. Dreyfus afirmava que a inteligência artificial simbólica e representacional jamais seria bem-sucedida pelo fato de a concepção algorítmica — tão célebre por seguir conjuntos de regras — não ter qualquer capacidade de inferir ou intuir. Usando a frase do antropólogo Clifford Geertz, a inteligência artificial estava para sempre na esfera da descrição tênue, totalmente incapaz de compreender a "descrição densa" da humanidade. Atualmente, essa afirmação parece comum, mas, naquela época, Dreyfus foi considerado um dissidente. Ele jamais programara um computador na vida, mas seu treinamento em fenomenologia e seu profundo conhecimento em filosofia o convenceram de que nosso maior ativo como seres humanos nada tinha a ver com nossa capacidade de seguir regras. Somos humanos porque temos uma perspectiva: nos importamos com o mundo. Poderíamos chamar essa característica de capacidade de se preocupar, qualidade que nos permite determinar o que importa e onde estamos. Um computador não consegue fazer isso.

"O relevante agora é que estou sentado aqui conversando com você nesta sala", disse Dreyfus. "O irrelevante é que a sala talvez tenha 10 bilhões de partículas de pó no chão, dois parafusos no canto esquerdo e ladrilhos que pesam cerca de duzentos gramas cada."

A capacidade de ter uma perspectiva — reagir ao importante e significativo — está no coração da humanidade e, por extensão, no de todas as empresas bem-sucedidas. Uma perspectiva implica que você tenha priorizado determinados aspectos — relevantes — e, consequentemente, deixado outros de lado. Esse risco — abrir mão de oportunidades lucrativas pelo bem de outras — é a essência de todas as proposições de valores. Não podemos resolver todos os problemas de todos os consumidores o tempo inteiro. Também não podemos criar produtos que atendam a todas as necessidades de todas as pessoas. Podemos, no entanto, nos aventurar a ir atrás de nosso chamado. Podemos nos comprometer com uma perspectiva e criar um negócio de sucesso que nos sustente.

Dreyfus resumiu tudo isso dizendo: "O que distingue os riscos nos quais estou interessado de uma mera bravata é que os enfrentamos em prol do nosso compromisso, em termos de como foram definidos e do que faz diferenças significativas em nossas vidas. Esse é o tipo de risco que se caracteriza como um passo necessário para se tornar um mestre em qualquer assunto."

O estudo de caso "A televisão é parte da mobília" ilustra muito bem o valor de se comprometer com uma perspectiva.

ESTUDO DE CASO

A televisão é parte da mobília

Estávamos em meados dos anos 2000, e os executivos da divisão de televisão da Samsung passavam por uma situação nebulosa. Apesar de toda a tecnologia de ponta que tinham em mãos, suas televisões definhavam no mercado. Na época, uma típica televisão Samsung era muito parecida com todas as outras disponíveis, incluindo as da principal concorrente, a Sony. Todas as caixas estavam cobertas de adesivos que citavam os novos recursos, e todos os modelos em exposição mostravam a mesma luz azul penetrante em todas as lojas. Um consumidor descreveu a experiência de comprar um aparelho de televisão como "igual a *Star Wars*". A Samsung, como a maioria dos outros fabricantes naquela época, enviava uma mensagem aos consumidores: os televisores pertencem à categoria de eletroeletrônicos.

O problema era exatamente esse.

Embora ainda não conseguissem articular a cada vez mais forte sensação de desconforto com essa premissa, os membros da alta administração sabiam que o cenário estava mudando. Eles podiam sentir uma mudança de humor nos consumidores, uma sensação cada vez maior de insatisfação com as contínuas exibições de revolucionários avanços de engenharia. A empresa poderia colar mais 10 adesivos com mais 10 recursos em seu último modelo de televisor, mas os consumidores não pareciam mais conseguir acompanhar tanta inovação, talvez porque já não estivessem interessados.

Os executivos começaram a investigar e reformular o problema. Mudaram a pergunta de "Como vendemos mais televisores?" para "Qual é o fenômeno da televisão nos lares?" Com a orientação de uma equipe de analistas e com o uso das Ciências Humanas, começaram a fazer observações: as pessoas escondiam os aparelhos de televisão no canto da sala; as mulheres estavam envolvidas na compra do aparelho e insatisfeitas com a experiência estética; os consumidores relataram que queriam que objetos da casa — incluindo os televisores — tivesse um design atemporal.

Como uma imagem que entra em foco, o insight despontou nos integrantes da equipe, que, assim, chegaram ao momento de clareza. Embora tivesse de funcionar como forma de tecnologia, a televisão tinha um papel adicional em casa: era parte da mobília.

Essa compreensão, tanto óbvia quanto inovadora, imediatamente proporcionou aos executivos um profundo insight. A equipe começou a recriar toda a linha de produtos com base no novo ponto de vista. Os clientes não queriam levar para casa algo do tipo *Star Wars*. Queriam a atemporalidade do sofisticado design de móveis. Ao mesmo tempo, desejavam que os televisores tivessem não *toda* a tecnologia mais recente, mas a melhor disponível.

A partir daí, as etapas foram relativamente simples. Se você quer saber sobre o melhor em relação a design de móveis, vá para a Escandinávia e aprenda com os mestres. Foi exatamente o que a equipe fez. Os membros do alto escalão da Samsung se matricularam em um curso intensivo de design escandinavo. Trabalharam sob a orientação de designers de Estocolmo, Copenhague e Helsinque, para reavaliar a pungente luz azul que emanava da tela. Decidiram, então, que a tela deveria emitir uma luz que evocasse uma vela escandinava: uma sensação de calor, com uma luz indireta e suave, até mesmo uma alusão à luz de vela. Os novos modelos teriam uma base que esconderia os alto-falantes e outras parafernálias, como fios e botões. Eles deixaram de lado o conceito de grandes aparelhos em formato de caixotes e trouxeram curvas brancas iridescentes que fazem lembrar as formas orgânicas encontradas na natureza.

Ao mesmo tempo, a alta gerência dedicou muito tempo e recursos ao desenvolvimento da tecnologia embutida nesses aparelhos mais modernos. Com a ajuda do moderno departamento de P&D, fez grandes apostas na redução do tamanho dos aparelhos — projetando as novas telas planas de LED, tão comuns nos dias de hoje. Esse casamento entre a proeza da engenharia e os insights recém-obtidos dos clientes criaram um padrão completamente novo para o design de televisores. Os novos modelos da Samsung não eram apenas bonitos; também ofereciam os benefícios tecnológicos mais importantes para a experiência de ver televisão. Era o casamento ideal entre forma e função.

Uma vez que a alta gerência da Samsung criou uma perspectiva, as implicações do negócio se desenvolveram organicamente. O compromisso da empresa com a nova visão significava que ela teria de deixar passar várias oportunidades de crescimento; contudo, isso nunca resultou em prejuízo para os acionistas. Na verdade, em 2007, após sua jornada de sensemaking, a Samsung conseguiu ganhar 11,3% do mercado de televisores. Até 2012, apenas cinco anos depois, a participação de mercado era de 28,5%, mais que o dobro.

Atualmente, ao estabelecer um precedente com os consumidores, a Samsung se transformou no Arne Jacobsen do design de televisores. Como disse um consumidor: "A Samsung parece diferente da Sony." Como já discutimos neste livro, as sensações — a experiência de ver televisão — contam. No meio do nevoeiro, a experiência conta mais.

O sucesso da Samsung ao recriar seus televisores é um brilhante exemplo do poder de um método como o sensemaking. Ao seguir as cinco etapas — da classificação do problema como fenômeno até a criação de novos impactos nos negócios —, a empresa encontrou uma perspectiva no mercado e mudou completamente a experiência da televisão para os consumidores.

E daqui, para onde vamos?

Neste ponto, você pode ter chegado à conclusão de que contratar antropólogos, filósofos ou sociólogos proporcionará à sua equipe melhores insights e uma noção mais adequada sobre pessoas e comportamentos. Às vezes, nos referimos a essa abordagem como *orientada pela antropologia* porque, embora contratar pessoas com formação em Ciências Humanas normalmente seja útil, não é infalível. Na maioria das empresas que conhecemos, as pessoas com *qualquer* tipo de formação rapidamente se sujeitarão à cultura e as rotinas. A formação em Ciências Humanas não é uma espécie de chave mágica que abre as portas da realidade humana ou proporciona melhor noção sobre os clientes e usuários. Sem uma adequada liderança — pessoas que controlem o leme e que escolham uma importante perspectiva nos negócios —, é provável que você não mude muito apenas contratando uma equipe de antropólogos. Lembre-se de Genevieve Bell da Intel: a maioria dos profissionais de Ciências Humanas precisa ser treinada em relação ao pensamento empresarial e ter fluência na cultura corporativa para dar alguma contribuição valiosa.

Causar impacto a partir de pesquisas exige a capacidade de traduzir os insights das Ciências Humanas para o contexto empresarial e para o problema em questão, o que requer a capacidade de *liderar* os processos. Implementar um método como o sensemaking pode levá-lo até parte do caminho, mas não até o fim.

Começar qualquer investigação aberta exige grande esforço. Você é obrigado a fazer perguntas muito básicas sobre o tipo de negócio em que está envolvido, pois será desafiado a redescobrir o relacionamento com clientes e usuários. Nosso próprio método do sensemaking não é fácil. Como você já viu, ele pode ser essencialmente contraintuitivo e questionará premissas sobre seu negócio. Por essa razão, a abordagem do sensemaking enfrentará muita resistência. Porém, se você conseguir superar esses obstáculos, poderá abrir novas fronteiras para sua empresa, injetar um renovado sentido de propósito e inspirar funcionários, stakeholders e clientes de uma maneira forte e surpreendente.

Considerando tudo isso, a primeira pergunta é: "Estamos realmente em uma situação nebulosa?" A maioria dos executivos provavelmente é capaz de reconhecer, de alguma forma, os sinais de perigo. Mas, em muitos casos, esses sinais não dominam a cultura da empresa; essas pequenas mudanças na pressão barométrica se reequilibrarão. Em outros casos, no entanto, a neblina é densa e carregada. Uma sensação de ansiedade está dominando a cultura? Conforme discutimos, esse desconforto não pode ser quantificado ou diagnosticado de forma objetiva. É uma mudança de clima que você consegue sentir, que normalmente se estabelece com uma corrosiva sensação de que algo está errado, algo que se manifesta e toma conta de seu corpo quando você faz apresentações, participa de reuniões e de sessões de estratégia. *Não me sinto à vontade com a forma como nossa empresa vê o mundo.* Você precisa prestar atenção a essa crescente sensação; é sua intuição falando. Quando você sente um nevoeiro denso e carregado, quase sempre é porque há algo tão impactante em toda a empresa, que é praticamente impossível separar as questões e tentar resolvê-las caso a caso. Uma abordagem mais fundamental é necessária.

Dois papéis de liderança: Tomadores de decisões e sensemakers

Os líderes normalmente são retratados como tomadores de decisões: pessoas situadas no topo da hierarquia, que fazem escolhas sobre a estratégia da empresa com base nas recomendações dadas pelo staff. Quando todos os fatos estão reunidos, o executivo responsável pondera as opções e anuncia sua decisão. O trabalho desse tipo de profissional é conduzir a empresa nos tempos fáceis e difíceis. Eles determinam a direção e a visão de toda a organização: definem valores e princípios, estabelecem prioridades e metas estratégicas e estão rodeados por uma equipe responsável pela execução da visão e estratégia. Mas cada uma dessas tarefas é basicamente vista como um tipo de decisão. Você decide qual deve ser a visão da empresa e quais prioridades estratégicas precisam ser consideradas. A liderança na forma de tomada de decisões é vista como um tipo de ciência ou técnica própria. Não há uma maneira correta de liderar com eficácia.

O papel do líder como tomador de decisão está perfeitamente alinhado ao modelo-padrão de resolução de problemas nos negócios: linear, quantitativo e orientado por hipóteses. Um papel que funciona bem quando há uma relação bem estabelecida entre causa e efeito e entre o problema e a solução. É uma forma bastante eficiente de utilizar a habilidade de liderança. O executivo pode se afastar da operação do dia a dia da empresa, tomar rapidamente uma série de decisões e ter certeza de que, se a empresa tomar uma ação, haverá uma consequência.

O sensemaking exige um tipo diferente de habilidade de liderança. Enquanto o tomador de decisões analisa, o que aplica o sensemaking cria. O trabalho desse profissional é encontrar novas formas de competir nos negócios; seu foco é olhar para frente e ver o que vem a seguir, definindo novos espaços para competir, dando novo significado às ofertas da empresa e um sentido a algo que talvez ainda não tenha sido totalmente compreendido. A Tabela 8.1 resume as diferenças entre os tomadores de decisões e os sensemakers.

Os sensemakers precisam ser claros em relação às metas e prioridades, mas também precisam um novo conjunto de habilidades: a capacidade de liderar descobertas abertas para compreender os dados tangíveis e intangíveis, usar suas habilidades de julgamento, ligar os pontos e enxergar o grande cenário em um enorme oceano de dados muitas vezes conflitantes. O papel do sensemaker é, de várias formas, semelhante ao da liderança política na sua melhor forma. De tempos em tempos, os políticos precisam sair da realidade do dia a dia e olhar para um cenário maior, se afastar das táticas do jogo político, passar no meio do nevoeiro de opiniões, vozes, dados, batalhas de poder, análises e conselhos e criar uma visão sobre como resolver um problema político ou, em alguns casos, o futuro de uma nação. Em vários períodos da história, os líderes políticos demonstraram momentos extraordinários de clareza. Pense em Otto von Bismarck, que transformou a Alemanha em um império; George Washington, que liderou a Revolução Americana e a base dos Estados Unidos; Franklin D. Roosevelt, que guiou os Estados Unidos durante a Grande Depressão; Gandhi, que conduziu a Índia à liberdade; Mikhail Gorbachev, que tirou a Rússia da Guerra Fria e a conduziu para a democracia. Todos esses líderes conseguiram encontrar a clareza e o rumo no meio da turbulência, da incerteza e, às vezes, até mesmo do caos. O que esses casos extremos de liderança nos ensinam sobre fazer uma empresa sair de um momento nebuloso?

TABELA 8.1

Diferenças entre tomadores de decisões e sensemakers

Aspecto da liderança	Líderes como tomadores de decisões	Líderes como sensemakers
Papel principal	Tomar decisões oportunas e bem embasadas	Descobrir o rumo futuro
Natureza do esforço	Com base em evidências	Com base no julgamento
Habilidades essenciais necessárias	Habilidades analíticas	Habilidades de síntese
Relação com o fenômeno	Desvinculado do fenômeno	Absorvido pelo fenômeno
Função dos dados	Dados dão respostas claras	Dados podem ser conflitantes

O historiador Isaiah Berlin proporcionou um dos insights mais inspiradores sobre liderança com o qual jamais nos deparamos. Passou boa parte da vida estudando política, sempre curioso para descobrir o que caracterizava a grande liderança política. Quando escreviam livros e ensaios — durante a metade e o final do século XX —, muitos cientistas políticos e economistas estavam convencidos de que a grande política era, afinal das contas, um jogo racional. Eles acreditavam que você conseguiria encontrar as leis universais e estruturas conceituais que pudessem guiar os políticos para tomar as decisões corretas e que as leis poderiam estimular todo o sistema político a se tornar mais racional e fundamentado na ciência. Parece familiar?

Depois de passar a vida toda vendo como a política realmente acontecia, Berlin rejeitou a ideia de que o julgamento político pudesse ser resumido em regras ou estruturas conceituais universais. Em vez disso, descobriu que os grandes líderes políticos tinham uma série de habilidades pessoais que chamou de "perfeitamente comuns, empíricas e quase estéticas". Ele argumentou que os grandes líderes políticos tinham o dom de julgar uma situação específica de acordo com um profundo senso de realidade com base na experiência, uma compreensão empática dos outros e uma sensibilidade sobre a situação. Essa habilidade envolve uma extraordinária capacidade de sintetizar "uma grande mistura de dados evanescentes, multicoloridos, em constante mudança, continuamente substituídos, excessivos, muito velozes, emaranhados demais para serem pegos, presos e etiquetados, como centenas de borboletas soltas".

Se acompanharmos o argumento de Berlin, o dom do líder do sensemaking é a capacidade de enxergar padrões em um mar de dados, impressões, fatos, experiências, opiniões e observações e, então, conectar esses padrões em um momento de clareza único e unificador. Na mente de Berlin, isso exige um "contato quase sensível e direto com os dados relevantes", uma "noção exata sobre o que se encaixa em quê, o que se sobressai sobre o quê, o que lidera o quê".

Essa capacidade não é uma habilidade analítica ou acadêmica, mas uma espécie sofisticada de instinto, que pode ser chamada de "sabedoria, compreensão imaginativa, insight ou acuidade". Exige que você use sua experiência e sabedoria para ligar os pontos entre os dados tangíveis e intangíveis, entre os fatos científicos e a realidade prática, entre opinião e acontecimento, entre uma situação existente e possibilidades futuras.

O argumento de Berlin traz grandes consequências para o que significa liderar. Como sensemaker, você não poderá fugir da equação; terá de se envolver com o problema, chegar a um nível no qual poderá praticamente *sentir* o confronto com os dados. Precisará se ver como alguém que interpreta em vez de decidir, o que significa que você é o guia em uma viagem sem um destino claro: você precisa aceitar que nem sempre sabe *a* resposta.

Liderar pelo sensemaking exige capacidades que Berlin articulou de forma muito perceptiva. Exige que você, como líder, saiba fazer as perguntas certas, enxergar os padrões nos dados, interpretar de forma correta e transformar essas interpretações em ações. Contratar pesquisadores de Ciências Humanas ou experimentar por meio de investigações qualitativas abertas não causará grande impacto sem sua direção e interpretação para as particularidades de sua empresa. Os insights terão pouco valor se você não conseguir colocá-los em prática.

As três habilidades do líder do sensemaking

Ao contrário das estruturas conceituais na maioria das teorias sobre gestão, as habilidades de liderança que você precisa ter para executar um método como o sensemaking não podem ser aprendidas em uma faculdade de administração, em um programa para executivos ou nos livros de negócios. Não se trata de uma habilidade técnica, mas prática, que se aprende com a experiência. Assim como você não consegue aprender a ser um bom jogador de futebol sem jogar, um bom marceneiro sem fazer trabalhos de marcenaria ou um bom escritor sem escrever, o bom líder é obrigado a usar a experiência, o julgamento e a sabedoria.

Portanto, vamos observar três características fundamentais dos grandes líderes do sensemaking:

1. Os sensemakers se preocupam muito com os produtos e serviços que oferecem e com o significado que essas ofertas criam para as pessoas.

2. Os sensemakers têm uma forte perspectiva do seu negócio — que vai além do horizonte de tempo e das fronteiras atuais da empresa.

3. Os sensemakers são bons em conectar mundos diferentes dentro da empresa. Uma organização deve ter um conjunto de habilidades variadas para entender a grande ideia, transformá-la em ação e manter a operação.

Liderando com interesse

Não faz muito tempo, encontramos um executivo de uma empresa farmacêutica global, que passara o dia inteiro em um workshop sobre o futuro da saúde e estava parado do lado de fora do hotel, tomando ar fresco. Conversamos sobre como os negócios no setor de saúde estavam mudando e quais os desafios que a empresa vinha enfrentando com o aumento dos custos na saúde, baixa produtividade de P&D e um modelo de vendas falido. Perguntamos o que ele pensava dos desafios futuros.

Virou-se para nós, com um olhar cansado, levantou a cabeça em direção ao céu e disse: "Bem, primeiro, vou comer um caprichado sushi no jantar e, então, imagino que irei ao escritório amanhã e farei o de sempre — você sabe: contratar algumas pessoas, demitir outras e criar novas estratégias."

Ele não estava sendo irônico, mas extremamente honesto sobre a sensação que muitos executivos têm de vez em quando: *Seja como for, o que importa?* Com o passar do tempo, conforme a administração se torna cada vez mais profissionalizada, você pode sentir um tipo de niilismo ou perda de significado nos níveis executivos. Essa sensação é mais forte nas grandes culturas corporativas, nas quais a gerência é vista como uma profissão por si só, sem forte ligação com o que a empresa realmente faz. O que acontece quando a satisfação com o trabalho vem da gestão — reorganizar, otimizar as operações, contratar novas pessoas e criar estratégias —, não da produção de algo significativo? Como você se sente quando realmente não faz diferença se fabrica produtos de beleza, refrigerantes, fast-food ou instrumentos musicais?

Se você se sentir vulnerável a esse tipo de desânimo, não estará bem posicionado para fazer a empresa sair do nevoeiro. Lembre-se de que um método como o sensemaking não é linear ou mecânico. Não há uma máquina para calcular os dados. Na verdade, sequer existe um resultado correto. Você, como líder, precisa dar sentido aos insights e conectá-los ao problema em questão, o que exige a capacidade de fazer as importantes distinções descritas por Hubert Dreyfus. Ao escolher uma perspectiva, você intuitivamente percebe o que é importante ou trivial, consegue ver o que se conecta com o quê e tem os dados, o input e o conhecimento relevantes. "Importar-se" é o tecido conjuntivo que possibilita tudo isso.

Se você estiver no ramo de beleza, não conseguirá dar sentindo aos profundos insights sobre os ideais de beleza se não se importar com o significado dos produtos cosméticos. Se trabalhar no setor de automóveis, deverá se importar com os carros e os meios de transporte, ou o fenômeno humano de dirigir não fará qualquer sentido. Sem se importar, você verá tudo como propriedades ou o que Isaiah Berlin chamou de "centenas de borboletas soltas". Para filósofos como Dreyfus, tudo isso está ultrapassado. Martin Heidegger, por exemplo, afirmou que se importar — ou o que ele chamou de *sorge* — é o que nos torna humanos. Ele não quis dizer importar-se no sentido de uma ligação emocional explícita com objetos ou pessoas, mas no sentido de que algo é importante para você, de que algo tem um grande significado. É esse "importar-se" que nos permite interagir com as situações de maneira muito complexa e enxergar novas formas de interação com o mundo.

Importar-se é uma condição humana tão fundamental que pode ser percebido em um instante — assim como sua ausência! Ao caminhar por uma loja da IKEA, você sabe imediatamente que alguém se importa em criar móveis com um design contemporâneo a preços acessíveis. Você encontra evidências do ato de se importar nos dois sentidos da palavra, em termos de *importância* e *esmero*: na meticulosa organização da loja, fica claro que os criadores investiram de forma pesada na missão. Podemos observar isso na maneira como a loja foi projetada — não é a mais bonita do mundo, mas cumpre muito bem seus objetivos. Você caminha pela IKEA da mesma forma como seria guiado em um museu de design de interiores. Os produtos são exibidos de acordo com o contexto, de forma que uma cozinha completa fique igual à que você teria em casa; não são apenas um monte de armários, mesas e cadeiras separados. Você pode observar isso nos produtos, bem adequados para a maioria das casas. Outra característica importante é que alguém teve o máximo cuidado com o design para reduzir o preço sem sacrificar muito o lado estético. Podemos ver o cuidado nos detalhes, como o nome dos produtos.

Na maioria das vezes, os itens são denominados de acordo com um sistema desenvolvido pela IKEA, no qual cada tipo de item tem um nome de origem diferente. Por exemplo, mesas de jantar e cadeiras em geral têm o nome de lugares da Finlândia, enquanto os tapetes recebem o nome de lugares da Dinamarca.

A gerência da IKEA é famosa por sua atenção aos detalhes, cada um considerado de forma meticulosa. Há um foco constante no controle de custos e no desenvolvimento de produtos. O fundador, Ingvar Kamprad, é famoso por sua preocupação com o custo na própria vida pessoal. Embora tenha um patrimônio de $45 bilhões, ele dirige um antigo Volvo 240, recicla os saquinhos de chá, pega os saquinhos de sal e pimenta nos restaurantes e frequentemente é visto nas lojas da IKEA fazendo uma refeição barata. Ele explica sua filosofia no livro *Testament of a Furniture Dealer*: "Não é apenas por motivos de custo que evitamos os hotéis luxuosos. Não precisamos de carros que chamem atenção, títulos imponentes, uniformes ou outros símbolos de status. Confiamos na nossa força e na nossa disposição!" Desde a sua fundação, em 1947, a IKEA conseguiu reduzir seus preços em 2% a 3% ao ano. Não é de se admirar que quase meio bilhão de pessoas visitem o grande depósito azul todos os anos.

Você pode testemunhar o cuidado em qualquer lugar: no supermercado local, na biblioteca da cidade, nos jardins de infância, nos restaurantes japoneses, nos jogos para computadores e até mesmo nas obras dos sistemas de esgoto. Você consegue sentir que as pessoas que trabalham em lugares bem cuidados estão profundamente envolvidas com o que fazem; elas realmente se importam.

O cuidado — sensação tanto de investimento quanto de atenção — não é algo que se consegue implementar na organização da forma como você instalaria um novo aplicativo no celular. Não podemos pedir que as pessoas se importem do mesmo modo como quando pedimos uma refeição em um restaurante. Também não é algo que você possa obrigar ao descrever os valores ou a visão da empresa. O cuidado não explícito, como um manual, uma receita ou uma manchete de jornal. Quando as pessoas se importam com algo, normalmente nem conseguem explicá-lo. Se você já escutou uma entrevista com um famoso jogador de futebol, como Lionel "Leo" Messi, sabe que é extremamente decepcionante. Você vê 90 minutos de uma ginga maravilhosa em campo, com jogadas que considerava impossíveis, mas a explicação é sempre muito entediante e linear: "Sempre tento fazer o melhor; ataco até o gol adversário, e, então, tudo acontece naturalmente."

O cuidado se manifesta quando exposto às condições certas. Se você perceber que talvez não tenha se preocupado o suficiente ou se estiver totalmente focado no desempenho financeiro da empresa, essas circunstâncias o ajudarão a ficar exposto às qualidades do que a empresa produz. Seguem algumas formas de desenvolver o cuidado:

- Torne-se um consumidor de seus próprios produtos e tente se colocar no lugar dos clientes. Reproduza os passos deles e sinta como é ser atendido por sua organização.

- Passe alguns dias no chão de fábrica da empresa e tente trabalhar em diferentes posições. Se estiver no setor de aluguel de automóveis, por exemplo, tente trabalhar como atendente durante alguns dias. Experimente limpar os carros, trabalhar na linha de comunicação direta ou até mesmo no departamento de TI.

- Conheça as pessoas da organização e converse com elas sobre o tipo de trabalho que as satisfaz. Observe o que é importante para as pessoas.

- Leia os mesmos blogs, revistas e livros que seus clientes e colegas. Participe dos eventos dos quais eles participariam e tente perceber o que guia o comportamento dessas pessoas.

- Pergunte aos colaboradores da organização quais colegas são muito especiais para empresa. Pode ser um programador de computação que escreve códigos como poesia; um engenheiro que passou nove anos desenvolvendo um novo recurso; um gerente de serviços que recebe cartas de clientes aficionados. Entre nesse mundo.

Depois de se expor às qualidades do que a organização produz, o cuidado provavelmente se revelará da mesma forma que quando você aprende um idioma. Primeiro, aprenderá a estrutura básica da língua, depois será capaz de construir pequenas frases e, em algum tempo, começará a falar sem pensar. Quando alcançar esse nível de fluência, não terá mais de pensar no que importa. Cultivar o cuidado terá se tornado uma parte de você.

Liderando com perspectiva

Pode parecer óbvio demais mencionar Steve Jobs como um grande líder de negócios, mas ele *é* um bom exemplo de alguém que liderava com perspectiva. No best-seller de Walter Isaacson, Jobs descreve como vê a tecnologia: "Sempre me vi como uma pessoa da área de humanas quando criança, mas gostava de eletrônica. Então li algo que um de meus heróis, Edwin Land, da Polaroid, disse sobre a importância das pessoas que conseguiam ficar no ponto de intersecção entre humanas e exatas e decidi que era o que eu queria fazer."

A ideia de ficar no ponto de intersecção entre a tecnologia e a área de humanas é um conceito muito original de como a tecnologia deve ser criada e o que deve fazer pelos usuários. Não é algo autoexplicativo, como uma afirmação do tipo "Queremos fazer computadores fáceis de usar". Pelo contrário, a ideia de uma intersecção é uma metáfora para uma forma completamente nova de pensar em tecnologia.

Os linguistas e os cientistas cognitivos sempre afirmaram que, usando metáforas, podemos ver o mundo de uma nova maneira. Como temos dificuldade de visualizar algo não familiar, pegamos uma palavra ou conceito ao qual estamos acostumados e o reformulamos, transformando-o em um conceito abstrato ou desconhecido. Compreendemos as novidades ao compará-las com o que já conhecemos. Por isso, uma unidade de controle de um computador é chamada de mouse, um edifício alto é chamado de arranha-céu, e um novo par de tênis muito leve é chamado de Air. As metáforas podem abrir um novo mundo para nós, explicando como iremos vivenciá-lo — ou os aspectos desses fenômenos específicos.

Todos temos uma ideia do que significa a área de humanas e artes liberais e a tecnologia da computação. Mas quando você coloca os dois conceitos juntos, eles criam uma série de ideias completamente novas: os computadores devem ser belas ferramentas para o trabalho criativo; a tecnologia deve ser humana e divertida; as experiências dos usuários são importantes; a computação deve ser pessoal; e os computadores são feitos para pessoas comuns, não só para os nerds em tecnologia.

Steve Jobs usou a metáfora da área de humanas e artes liberais para ajudar a tornar sua visão real para a Apple, abrindo um mundo novo aos clientes, usuários e staff da empresa. Fazendo questão de mencionar essa metáfora com frequência, ele deu à empresa uma direção de longo prazo para o desenvolvimento de seus produtos, design, tecnologia, lojas de varejo, modelo de negócio e marca. Essa direção permitiu que cada parte da empresa se juntasse ao mesmo cenário sempre que algo novo era criado. Ele alcançou o resultado que Genevieve Bell esperava (e ainda espera) atingir na Intel quando começou a ajudar os executivos a contar a história da empresa de maneira diferente, ou seja, em termos da experiência humana.

Curiosamente, a perspectiva de Jobs em relação à tecnologia não foi extraída de uma sessão de brainstorming; também não era um plano de negócios calculado, concebido com base em uma análise do mercado. Estar no ponto de intersecção entre a área de humanas e a de tecnologia era uma perspectiva na qual ele pensara durante muito tempo, que ele percebia que faltava e que queria ver acontecer. Então, além de funcionar como poderosa ferramenta para narrar a missão, a perspectiva da intersecção também embasava as atividades e decisões da empresa. Usando um termo do capítulo anterior, ele era um mestre da inovação orientada pela perspectiva.

Você pode encontrar empresas com grande perspectiva em todos os lugares e de todas as formas ou tamanhos. A General Electric, por exemplo, tem forte perspectiva sobre o uso de recursos criativos para solucionar os problemas ambientais do mundo, ponto de vista chamado de "ecoimaginação". O laboratório Novo Nordisk tem uma perspectiva sobre o diabetes: o programa "Changing Diabetes" visa quebrar a curva da pandemia dessa síndrome metabólica. O Novo Nordisk usa esse desafio para direcionar seu investimento em P&D e proporcionar melhor suporte, educação e autogestão aos pacientes com diabetes. Também usou a perspectiva para engajar os estrategistas políticos, organizações de pacientes e especialistas para difundir a conscientização e prevenção do diabetes. A Starbucks alimentou sua expansão global com uma forte perspectiva sobre a cultura do café e as cafeterias como um "terceiro lugar" — sua casa é o primeiro, seu trabalho, o segundo, e a Starbucks, o terceiro lugar. Um clube de futebol local em Copenhague conta para todos os visitantes sua perspectiva sobre o jogo. Um cartaz na entrada do clube diz TRANSFORME MENINOS EM HOMENS E HOMENS EM MENINOS. Como você pode imaginar, esse clube não oferece treinos para mulheres. O sistema prisional canadense mudou a ideia do que é uma prisão quando a administração criou sua perspectiva sobre o presídio: "O preso não voltará." Essa nova visão transformou a metáfora implícita da prisão como um lugar de retenção para um lugar educacional e de recuperação.

Empresas com perspectiva são muito melhores na inovação de produtos e serviços. Uma das razões é que os funcionários compartilham uma mentalidade parecida sobre a novidade que a empresa busca — pense na LEGO "voltando para o tijolo". Essa mentalidade compartilhada reduz drasticamente o risco de fracassar e fortalece o staff em todos os níveis para contribuir com melhorias que se enquadrem na direção geral.

Outra razão pela qual as empresas com forte perspectiva inovam com maior eficácia é que elas dedicam os recursos de desenvolvimento aos aspectos mais importantes. As empresas sem perspectiva normalmente têm listas enormes de projetos de desenvolvimento no pipeline e tendem a dispersar demais os recursos — o problema da Coloplast. Na verdade, essa falta de foco aumenta o risco de fracasso porque a empresa não consegue apoiar *nenhum* projeto de forma adequada e fica impaciente com os lançamentos. Nesse tipo de empresa, é comum encontrar centenas de projetos encalhados no que às vezes é chamado de "cemitério da inovação".

Uma terceira razão pela qual uma forte perspectiva leva a uma inovação cada vez melhor é que os diferentes departamentos passam a inovar pelo mesmo motivo — como ficou evidente na jornada da Adidas. A ambição e o objetivo final fazem sentido para as pessoas na organização da mesma forma. Assim, a empresa pode lançar vários tipos de inovação, pois todos seguirão na mesma direção: inovação de produtos, inovação do modelo de negócios, inovação dos canais de venda e inovação da marca.

Uma perspectiva é uma grande visão de como você gostaria que fosse o futuro ou que sua empresa moldasse o porvir. Normalmente, existem quatro horizontes à sua frente. Uma perspectiva permite que você levante a cabeça como líder e olhe o mais longe possível para os quatro horizontes a seguir:

1. **Você e sua carreira.** Este horizonte é o que está mais próximo a você. Nele, você está focado no que a empresa faz por você, em quanto você ganha, que salto poderá dar na carreira e qual legado deixará. Trata-se de um horizonte muito míope, com uma perspectiva muito limitada.

2. **A empresa.** Neste horizonte, você faz perguntas com foco na empresa. Como a empresa pode melhorar o desempenho? Como podemos motivar e atrair as melhores pessoas? Como podemos nos organizar melhor? Este horizonte tem mais perspectiva, mas ainda é limitado, pois está focado apenas no que acontece dentro da empresa.

3. **O setor.** Aqui, você se preocupa sobre como o mercado vai crescer, encolher ou mudar. Quem são os consumidores e como podemos atender às suas necessidades? Quais são os fatores impulsionadores do crescimento no setor?

4. **A sociedade.** Este horizonte é o mais distante das operações do dia a dia da empresa e analisa a sociedade e os fenômenos sociais dos quais a organização faz parte. Sua perspectiva vai além das fronteiras atuais do setor e o obriga a pensar no verdadeiro significado das ofertas da organização. Qual é nosso papel na vida das pessoas? Como podemos ajudar a melhorar as sociedades? A quais mudanças sociais devemos ficar atentos?

O primeiro passo para liderar com perspectiva é decidir ter uma. Um número surpreendente de empresas não tem qualquer perspectiva. Nessas organizações, os altos executivos estão focados principalmente no primeiro ou no segundo horizonte — na própria carreira ou no desempenho da empresa, o que pode ser bom quando os negócios vão bem, mas uma perspectiva tão estreita não é suficiente para tirar a empresa de um nevoeiro. Nunca ouvimos falar de uma organização que tivesse se transformado ou resolvido uma solução muito complexa e incerta sem uma perspectiva que alcançasse pelo menos o terceiro horizonte — o mercado — ou, melhor ainda, o quarto: a sociedade em geral. Todos os quatro exemplos de empresas líderes em inovação em seus setores têm uma grande perspectiva do quarto horizonte.

Então, como criamos uma perspectiva? Sua própria interpretação do método de sensemaking descrito neste livro já é um bom começo. Estudar os fenômenos dos quais sua empresa faz parte permitirá percorrer um longo caminho para criar uma perspectiva. No entanto, para isso, você precisa ir além do que apenas entender o contexto atual, clientes e usuários. É preciso saber em que pontos o setor está mudando ou deve mudar no futuro.

Naturalmente, não é possível prever o futuro com 100% de exatidão. Mas você pode fazer previsões razoáveis, prestando atenção às práticas mais avançadas do setor; observar pessoas experimentando novas formas ou maneiras radicais de usar os produtos; analisar os empreendedores que tentam lançar produtos ou serviços que não fazem sentido ou seguir ideias disseminadas nas comunidades de especialistas. Até mesmo a entrada de um novo tipo de cliente, que normalmente não faz parte da compreensão normal do setor, pode proporcionar um insight sobre o futuro. Algumas dessas práticas marginais podem se tornar o mainstream algum dia ou inspirar uma perspectiva de como você quer que a empresa mude.

Seguem algumas ideias sobre como você, líder, pode começar a criar uma perspectiva para seu negócio:

- Colete todos os dados e pesquisas disponíveis sobre clientes, mercados e o setor e tenha uma equipe para sintetizar os insights com a seguinte pergunta em mente: O que sabemos sobre o motivo de estarmos aqui? Use a síntese para determinar o que você não sabe.

- Faça uma boa autocrítica. Observe os últimos 5 a 10 lançamentos de produtos e faça a seguinte pergunta a si mesmo e à equipe: Qual é nosso ponto de vista? Pergunte se esse ponto de vista pode inspirar os próximos 5 a 10 novos produtos. Em caso negativo, aproveite a oportunidade para determinar a necessidade de criar uma perspectiva maior.

- Considere a possibilidade de realizar uma pesquisa aprofundada sobre comportamentos, necessidades e práticas alternativas que possam oferecer uma nova perspectiva à empresa. Envolva as pessoas, por meio de suas funções, a participar ativamente da pesquisa.

- Use toda sua inspiração para pensar qual deveria ser o diferencial de sua empresa. Pergunte a você mesmo e à sua equipe: Qual é o nosso papel no mundo? Como podemos melhorar a vida das pessoas? Escreva um sucinto relatório sobre seu ponto de vista e use-o para discutir com a equipe.

- Descreva a perspectiva com o uso da metáfora certa, intuitivamente fácil de entender e, ao mesmo tempo, impressionante, e que amplie a mentalidade das pessoas.

Conectando mundos diferentes

Em suas memórias, o autor francês Antoine de Saint-Exupéry sabiamente escreveu: "O amor não consiste em olhar um para o outro, mas juntos, na mesma direção."

A mesma ideia pode ser aplicada à tarefa de tirar uma empresa do nevoeiro. *Olhar um para o outro,* nesse contexto, significaria focar os aspectos internos da organização — visão, valores essenciais, metas e habilidades. *Olhar na mesma direção* seria compartilhar uma perspectiva e sensação de descoberta com toda a empresa.

É fácil falar em fazer as pessoas na organização olharem na mesma direção. Às vezes, falamos das empresas como se todos fossem uma só pessoa, com uma mentalidade em comum. Mas, na verdade, as empresas normalmente são formadas por mundos muito diferentes e subculturas com pautas distintas, códigos culturais diferentes e diversos critérios de avaliação do sucesso envolvendo planos de carreira, estruturas de poder e linguagens diferentes. O principal desafio para o sensemaker é conseguir que esses mundos olhem na mesma direção.

Um bom exemplo são os mundos do marketing e de P&D. Os profissionais de marketing normalmente são generalistas e tendem a ver o grande cenário — são recompensados por metas de curto prazo, precisam agir imediatamente e são motivados por insights que podem lhes dar respostas. Por outro lado, o pessoal de P&D normalmente é composto por especialistas funcionais — pessoas recompensadas pelo progresso de longo prazo, muito focadas nos detalhes e normalmente nas *possibilidades* das novas tecnologias, em vez de nas necessidades dos consumidores, e motivadas por insights que possam lhes propor perguntas e quebra-cabeças para solucionar. Não é de surpreender que esses dois mundos normalmente entrem em choque. Em uma empresa global de bens de consumo que visitamos recentemente, a equipe de marketing havia propositadamente decidido não divulgar as ideias nos workshops para a equipe de P&D e afirmou que "de qualquer forma, o pessoal de P&D não entende os fundamentos do negócio". Curiosamente, a equipe de P&D chegara a uma conclusão parecida com relação à equipe de marketing: "Eles estão muito focados no curto prazo e não têm respeito sobre como desenvolver uma tecnologia."

Por esses três motivos, a maioria dos grupos de P&D e marketing das empresas normalmente segue pautas e direções muito diferentes, o que se torna um problema quando queremos criar um novo direcionamento de em que mercados e como a empresa deve competir. Os dois mundos provavelmente terão interpretações distintas sobre o que significa a direção futura para eles, e, provavelmente, você terá mais confusão que clareza.

Como sensemaker, você precisa conectar os mundos: atrair os olhos da organização inteira para a mesma estrela no céu. Isso significa fazer grupos divergentes falarem a mesma língua em relação a por quê, como e em que aspectos a empresa precisa inovar, e fazer isso de maneira que motive as pessoas, dê bastante energia às equipes e proporcione muita iniciativa à organização.

Não é apenas uma questão de passar a mensagem por meio de uma série de ordens de cima para baixo. Pelo contrário, os sensemakers bem-sucedidos veem a liderança como uma conversa, na qual as pessoas são incentivadas a participar da interpretação de todo o contexto e de como alguém pode colocar as ideias em ação. Às vezes, pode ser interessante pedir que diferentes departamentos da organização participem juntos no processo de descoberta antes de tirar qualquer conclusão. Na Coloplast, por exemplo, o CEO, o diretor de marketing e o diretor de P&D realizaram visitas de campo juntos para investigar como as outras empresas lidavam com a liderança e a inovação. Essa sensação compartilhada de descoberta pôs fim a uma série de desentendimentos e facilitou a implementação de grandes mudanças sobre como a empresa organizava sua inovação. Na Intel, os líderes dividiram o processo de estratégia em três partes diferentes: percepção, interpretação e ação. Para fazer a organização olhar na mesma direção, as equipes com pessoas-chave de marketing, P&D e operações trabalham para criar um entendimento compartilhado de cada uma dessas três partes:

- **Percepção.** Compartilhamos os mesmos insights?

- **Interpretação.** Temos a mesma interpretação sobre o que isso significa?

- **Ação.** Estamos de acordo sobre quais ações realizaremos?

Tratar um método como o sensemaking como uma conversa organizacional, em vez de uma ordem superior, traz uma série de vantagens: cria um alto nível de confiança e responsabilidade na organização e acelera o tempo do insight até a ação. A conversa não precisa ser altamente estruturada como um projeto de gestão de mudanças. Na verdade, em muitas das empresas mais bem-sucedidas que conhecemos, a conversa normalmente é mais informal e acontece em vários grupos de discussão durante determinado período. Pense em como você deixa a carne marinando durante várias horas para que fique mais macia e saborosa: a conversa precisa ser marinada.

Claro que a conversa não pode continuar eternamente. Uma vez que a direção seja estabelecida e todos estejam prontos, o sensemaker precisa mudar o foco e passar da teoria para a ação. Agora o trabalho da liderança é manter todos no mesmo caminho e evitar distrações com infalíveis soluções míticas.

Criando confiança mental

Toda a questão de criar o método do sensemaking como um diálogo organizacional visa garantir que haja espaço para críticas e para o pensamento crítico. Como líder, você não pode ter certeza de estar sempre fazendo as interpretações corretas ou saber o caminho certo. Portanto, é importante que você se cerque de uma equipe de assessores para desafiar seu próprio pensamento. Três funções são importantes na confiança mental de um líder.

Os *reconfiguradores* são ótimos em detectar novas oportunidades e inspirar a empresa com ideias inéditas. São excelentes no pensamento conceitual e na percepção de práticas alternativas que possam mudar o setor. Normalmente vistos como líderes criativos, eles têm o raro talento de captar e revelar novas tendências e oportunidades. No entanto, sua verdadeira habilidade raramente é a capacidade de ter as próprias ideias inéditas, mas a capacidade de perceber ideias, insights e práticas fora do radar da empresa e redefini-los como oportunidades de negócio. Os reconfiguradores garantem que a equipe de liderança esteja antenada e no auge do desenvolvimento. No entanto, tendem a não ser muito sistemáticos: podem não seguir a lógica e o rigor e perder o interesse rapidamente por conta da rotina.

Os *articuladores* são excelentes para transformar o novo pensamento nas atividades práticas do dia a dia da empresa. Normalmente, são pessoas voltadas para os processos e têm um olhar crítico sobre a viabilidade das novas ideias. Seu papel é garantir que a organização consiga compreender a nova direção e saber como agir. Sem os articuladores em um grupo de liderança, uma nova diretriz acabaria facilmente em muita conversa e nenhuma ação. Eles tendem a ser muito sistemáticos e bons em conectar os sonhadores com os realizadores.

Os *conservadores* estão focados na manutenção das operações da empresa. Céticos em relação a muitas mudanças, priorizam as intervenções que possam trazer estabilidade para a organização. Buscam corrigir, colocar a empresa nos trilhos novamente, conservar os pilares principais da organização e garantir que novas ideias possam ser repetidas e escalonadas. São rápidos em compreender quando a mudança é inevitável e ajudarão a difundir as novas ideias dos reconfiguradores para o mainstream da organização. Sem os conservadores na equipe de liderança, seria difícil injetar a nova mentalidade na essência da empresa.

Alcançar um equilíbrio entre reconfiguradores, articuladores e conservadores dentro do conselho de administração do líder ajuda o sensemaker a evitar um pensamento unidimensional, o que minimiza o risco de se envolver no esforço da empresa para sair do nevoeiro. Ao mesmo tempo, ao incluir essas três mentalidades em uma conversa de alto nível, a liderança aumenta a probabilidade de conectar os diferentes mundos dentro da empresa. O ambiente resultante incentiva toda a organização a olhar na mesma direção, em vez de um para o outro.

Fazendo mundos diferentes trabalharem para a sua empresa

Então, o que você pode fazer para conectar os diferentes mundos em sua empresa? Seguem algumas sugestões:

- Tenha uma boa percepção sobre o que define os mundos mais importantes dentro da empresa. Seja curioso, por exemplo, em relação a como os mundos de marketing, projetos, vendas e P&D trabalham e o que forma as diferentes ideias de sucesso para cada um. Concentre-se em mundos normalmente opostos e tente entender o que causa a divergência.

- Convide executivos de mundos diferentes a participar do processo de descoberta e peça que identifiquem seus insights compartilhados.

- Veja o método de sensemaking como uma conversa corporativa que acontece dentro de determinado período. Incentive as pessoas de toda a organização a contribuir. Esteja aberto a sugestões e ideias enquanto o processo está em andamento, mas deixe bem claro que a conversa tem uma janela, que será fechada em determinado momento.

- Verifique se você tem o perfeito equilíbrio das funções no seu conselho de administração. São pessoas focadas em trazer um pensamento novo, capazes de transformar ideias em ação e de estabilizar a empresa?

CONCLUSÃO

Compreendendo bem as pessoas

SE VOCÊ TIVER DE APRENDER uma única lição com este livro, esperamos que seja esta: compreender bem as pessoas é o segredo para tirar sua empresa de um nevoeiro.

No entanto, se fosse tão fácil assim, daria para escrever este livro em apenas uma página! A maioria costuma compreender as pessoas de modo totalmente errado, sobretudo quando tentamos fazer mudanças bruscas na estratégia. Como falamos ao longo do livro, quase todos usamos ideias preconcebidas com relação aos clientes e usuários quando criamos uma estratégia de negócios ou resolvemos problemas de marketing, inovação de produtos e vendas. Essas suposições são generalizações sobre o comportamento humano e têm muito pouco a ver com a forma como as pessoas realmente vivenciam o mundo.

Esses pressupostos potencialmente inúteis incluem:

- Acima de tudo, os seres humanos são pessoas individuais e pensantes.

- Temos plena consciência de nossas intenções.

- Nossas escolhas são bem embasadas, pois ponderamos as diferentes opções.

- Sabemos o que queremos e do que precisamos.

- Somos iguais, independentemente do contexto social ou humor em que nos encontramos.

Quando o ambiente de negócios é relativamente estável, esses pressupostos nos ajudam a criar economias de escala e gerir um negócio de modo eficiente e sem atropelos. Não temos de pensar sobre o que realmente guia o comportamento dos clientes cada vez que tomamos uma decisão empresarial. Mas quando somos confrontados com uma súbita mudança no ambiente de negócios, chega a hora de nos livrarmos desses velhos hábitos mentais. As Ciências Humanas fornecem o andaime teórico que nos ajuda a entender bem as pessoas:

- Os seres humanos são, acima de tudo, pessoas sociais.

- Tomamos grande parte de nossas decisões segundo nossa familiaridade com o mundo.

- Mudamos nossas preferências de acordo com o humor e ambiente social em que estamos.

- Nossas escolhas geralmente são feitas de forma espontânea.

- Atingimos nosso ápice quando estamos totalmente envolvidos no mundo.

Se você tacitamente presumir que seus clientes tomam decisões ponderando as diferentes opções, acabará adicionando aos produtos funcionalidades que ninguém entende ou precisa. Se você partir do princípio que os seres humanos são, em essência, otimizadores, não vinculados por estruturas e códigos sociais, não entenderá como as novas categorias são criadas e difundidas no mercado de massa. Se acreditar que seus clientes estão plenamente conscientes de suas necessidades e intenções, continuará lançando produtos que não provocam interesse ou empolgação.

Por onde começo?

Naturalmente, a grande questão é por onde e como começar, se você quiser compreender bem as pessoas em sua própria organização. Para início de conversa, é importante enxergar um método como o sensemaking como uma jornada, não outra técnica de pesquisa entre as ferramentas de marketing. Muitas empresas já adotaram as técnicas de pesquisa que apresentamos neste livro — o trabalho de campo etnográfico, por exemplo. Esses métodos podem ser excelentes, se você quiser criar melhores designs e interfaces para os usuários ou entender como os clientes interagem com os produtos. Mas a técnica de pesquisa não encerra qualquer valor significativo em si mesma e, certamente, não irá retirá-lo do nevoeiro, se você não souber como aplicá-la a uma visão estratégica mais ampla. A pesquisa etnográfica deve ser vista como uma das inúmeras pequenas rodas em uma máquina maior, projetada para definir o direcionamento e o futuro da empresa.

A importância de dominar o sensemaking reside no que você faz com seus insights, como os traduz em novas ideias e oportunidades, como cria uma perspectiva comum sobre a organização, como usa os insights para priorizar iniciativas e como segue o direcionamento traçado. Todos esses elementos devem constituir a principal narrativa de sua agenda de negócios; portanto, não os relegue a um papel coadjuvante.

Acreditamos que seja melhor começar criando um nítido quadro do problema, que tenha como alvo exatamente as questões com as quais estamos lidando no momento e, ao mesmo tempo, instigue a curiosidade e a descoberta: *classifique o problema como um fenômeno*. Se sua equipe conseguir chegar a um entendimento comum do problema e do que vocês não sabem, será muito mais fácil aceitar novas formas de resolver a questão. Uma boa maneira é envolver seus colegas na identificação dos sinais de que a empresa esteja em um nevoeiro. Use as seguintes perguntas para orientar a conversa:

- Qual é a perspectiva de longo prazo em nosso negócio? É uma visão clara e inspiradora?

- Sabemos de onde virá o crescimento futuro?

- Estamos criando empolgação no mercado?

- Será que entendemos as mudanças que estão acontecendo fora do nosso setor?

- Somos bons em detectar mudanças no mercado e tomar as medidas certas?

- Estamos criando demanda ou atendendo a necessidades?

Outra boa maneira de comunicar a necessidade de entender bem as pessoas é trabalhar com a equipe no esclarecimento dos pressupostos da empresa com relação aos clientes. Um ponto de partida útil é reunir todas as pesquisas sobre os clientes que tenham feito nos últimos cinco anos e mapear o que vocês sabem ou não. Um método mais sofisticado é examinar minuciosamente sua atual proposição de valor para os clientes. Analise todos os pontos pelos quais os clientes entram em contato com seus produtos e ofertas e tente entender o que você realmente está vendendo. Use esse material para discutir as seguintes questões:

- Quem são nossos clientes?

- O que estamos ajudando os clientes a alcançar?

- Como eles experimentam nossas ofertas?

- Conhecemos a lógica de como os clientes se adaptam aos novos produtos?

- O que irá inspirar e entusiasmar os clientes?

- O que não sabemos sobre nossos clientes?

Nada disso será fácil. Mudar mentalidade e hábitos nunca foi simples. Usar teorias abertas e ferramentas das Ciências Humanas, rejeitar antigas crenças sobre a maneira como as pessoas pensam e se comportam, adotar um método como o sensemaking — todos esses passos parecerão absurdos para as pessoas em uma organização mergulhada na cultura das faculdades de administração. Prepare-se: não será fácil vender o novo conceito à equipe ou à diretoria. Não podemos prometer três passos fáceis para o sucesso ou um algoritmo mágico para vencer seus desafios nos negócios, mas podemos prometer-lhe uma jornada que o levará a compreender como os clientes realmente sentem a vida. Esse é o único caminho capaz de proporcionar os momentos que mudam tudo: os momentos de clareza.

GLOSSÁRIO

raciocínio abdutivo, p. 106
> Método de raciocínio não linear para resolução de problemas com base na formação e avaliação de hipóteses usando as melhores informações disponíveis. Uma aplicação prática do raciocínio abdutivo para resolução de problemas é o método de **sensemaking**.

sintonia, definição, p. 103
> Importante habilidade social que nos permite entrar em sintonia com determinado **mundo** e aprender suas regras — ou seja, seus costumes e práticas, a fim de navegar com tranquilidade entre dois mundos.

Economia comportamental, p. 3
> Campo da economia que inclui fatores sociais e psicológicos de modelos de tomada de decisões econômicas, com foco específico na diferença entre decisões racionais e irracionais.

importar-se, cuidado (*sorge*), p. 180
> Martin Heidegger (1889–1976), filósofo alemão conhecido por suas explorações existenciais e fenomenológicas, usava a expressão "importar-se" (do alemão, *sorge*), não no sentido de uma conexão emocional explícita entre objetos ou pessoas, mas no sentido de que algo é importante ou profundamente significativo para alguém. É o "importar-se", o cuidado, que permite às pessoas enxergar formas novas e complexas de interagir com o mundo.

viés de confirmação, p. 42
> Tendência que as pessoas têm de ouvir, acatar ou acreditar em informações que fortalecem suas crenças. Esse viés comprobatório as leva a interpretarem dados de

forma seletiva ou a ignorar algo que os refute. Quando usado para mudar a maneira como as pessoas se lembram de fatos ou acontecimentos, esse viés é denominado memória comprobatória.

lógica dedutiva, p. 13
   Veja **raciocínio dedutivo**.

raciocínio dedutivo, p. 81
   Chegar a uma conclusão por meio do raciocínio; especificamente um raciocínio no qual a conclusão sobre proposições específicas deriva, necessariamente, de premissas gerais ou universais. Veja **resolução de problemas orientada por hipóteses**.

pensamento-padrão, p. 12
   Com base no raciocínio dedutivo, o pensamento-padrão é uma abordagem que trata de um problema usando um método linear e racional para solucioná-lo. Normalmente, envolve a análise quantitativa de grandes conjuntos de dados. Sua força reside na capacidade de abordar desafios comerciais que exigem o aumento da produtividade de um sistema, mas sua eficácia é menor quando se trata de desafios relativos ao comportamento humano.

design thinking, p. 51
   Recorrer a formas proveitosas de pensar sobre a concepção (design) de um processo — mais especificamente, um misto de empatia, criatividade e racionalidade — quando se trata de projetos analíticos mais abrangentes e mais criativos.

etnografia, p. 85; definição, p. 91
   Abordagem aprofundada à pesquisa de culturas, que envolve mergulhar em determinada sociedade, em vez de focar a comprovação de uma hipótese ou tentar derrubá-la. Como método de pesquisa, a etnografia envolve o processo de observar, documentar e analisar o comportamento humano dentro de um contexto cultural específico. É uma das principais técnicas de coleta de dados na área de **Ciências Humanas**.

psicologia existencial, p. 14
   Área que incorpora a psicologia existencial ao estudo da psicologia humana. A psicologia existencial considera a motivação algo mais que simples mecanismos ou mobilizadores e inclui em seu léxico a vontade e o desejo do indivíduo.

habitus, p. 40
   Mentalidade influenciada pelo background do indivíduo (família, posição social, nível educacional e profissional, atividades e experiências do dia a dia) que, inconscientemente, determina seus gostos, preferências e hábitos.

hermenêutica
   Conjunto de métodos e princípios para interpretar a comunicação verbal e não verbal.

Ciências Humanas, p. XX; definição, p. 4
> Grupo de disciplinas científicas que focam a compreensão do modo como os seres humanos vivenciam o mundo. Ao analisar os aspectos do mundo sujeitos à experiência humana, as Ciências Humanas se diferenciam das Ciências Exatas (como Química e Física), focadas em **propriedades**. As Ciências Humanas incluem disciplinas como Antropologia, Sociologia e Psicologia, além das Artes, Filosofia e Literatura. Veja **propriedades e aspectos**.

resolução de problemas orientada por hipóteses, p. 135
> Método principal usado no **raciocínio dedutivo**. As hipóteses são testadas com os dados pertinentes à disposição, e as conclusões são tiradas a partir da validação das hipóteses. O objetivo é encontrar a solução "certa", ou seja, o questionamento sobre se a questão a ser resolvida é o problema "certo" não é considerado uma etapa importante.

raciocínio indutivo, p. 107
> Método de raciocínio baseado em generalizações provenientes de um conjunto específico de observações. Contudo, como o raciocínio indutivo é limitado pelas crenças pessoais, não é útil na resolução de problemas que envolvem o comportamento e a cultura humanos.

racionalismo instrumental, p. 30
> Paradigma que parte do princípio de que problemas relativos aos negócios podem ser resolvidos por meio de uma análise científica objetiva e que fatos e provas deveriam prevalecer sobre opiniões e preferências. O racionalismo instrumental deu origem ao tipo de modelo para resolução de problemas (ou **pensamento-padrão**) que domina o mundo dos negócios.

positivismo lógico, p. 29
> Versão mais extrema do **positivismo**, o positivismo lógico afirma que o mundo físico e a sociedade podem ser explicados em termos das leis gerais da lógica e da linguística.

práticas alternativas, p. 76
> Formas de interagir tanto com pessoas quanto com tecnologias desconsideradas pelo mainstream ou pela estratégia atual da empresa. A análise de práticas alternativas permite identificar necessidades não satisfeitas — tanto de outras pessoas quanto da tecnologia — e apontar áreas para futura inovação.

distinções significativas, p. 144
> Veja **inovação orientada por perspectivas**.

abordagem não linear à resolução de problemas, p. 106
> Antítese da resolução de problemas linear, a abordagem não linear envolve um nível mais elevado de intencionalidade e uma análise objetiva e derrota o viés inerente à resolução de problemas linear. O termo é usado como sinônimo de **raciocínio abdutivo**.

panóptico, p. 121
> Tipo de edificação institucional que se tornou popular no final do século XVIII. O conceito do projeto é permitir que um vigia observe constantemente os presidiários de uma instituição correcional sem que estes estejam cientes. O panóptico foi evocado como metáfora para as modernas sociedades "disciplinares" que usam a vigilância como método de controle.

mudança de paradigma, p. 47
> Mudança nos pressupostos básicos que constituem a estrutura filosófica ou regem um ramo da ciência, da tecnologia ou de uma empresa. O desenvolvimento da tectônica das placas é um exemplo tirado da geologia; a mudança para a microeletrônica é um exemplo tirado da tecnologia.

inovação orientada por perspectivas, p. 144
> Inovação baseada em **distinções significativas** entre o importante e o irrelevante para uma empresa. Consideradas em conjunto, essas distinções geram uma perspectiva, que impulsiona o processo de desenvolvimento de ideias, estratégias e produtos da empresa, além de definir sua missão.

fenomenologia, definição, p. 80
> A "ciência dos fenômenos" ou estudo da vivência das pessoas. Enquanto as Ciências Exatas analisam os dados de "propriedades" de determinado fenômeno, a fenomenologia enfoca "aspectos" relativos à experiência e se concentra, especialmente, nos relacionamentos entre as pessoas e os objetos, não na essência do objeto em si. É uma abordagem central das **Ciências Humanas**. Veja **propriedades e aspectos**.

fenômeno, p. 81
> Fato ou acontecimento cuja ocorrência pode ser observada, especialmente aqueles cuja razão está sendo questionada. Qualquer fenômeno pode ser analisado com o uso dos dados de "propriedades" provenientes das ciências exatas ou de "aspectos" vivenciais da **fenomenologia**.

positivismo, p. 28
> Convicção de que o conhecimento científico — e só o conhecimento científico — pode explicar a sociedade da mesma forma como explica o mundo físico. O positivismo rejeita o conhecimento intuitivo e afirma que, assim como a gravidade rege o mundo físico, leis gerais e mensuráveis regem a sociedade.

prática, p. 80
> Atividade que exige aprendizado e treinamento. A prática mencionada neste livro é o sensemaking.

escala de problemas, p. 23
> Usado pelos antropólogos, esse termo se refere ao nível de complexidade de determinados problemas — dos mais simples, resolvidos por meio de soluções conhecidas, até os que se tornam cada vez mais complexos e confusos.

propriedades e aspectos, p. 81

Objeto com propriedades que permanecem as mesmas, independentemente da forma como o ser humano o utiliza. Por exemplo, a propriedade da cabeça de um martelo é ser feita de moléculas de ferro. Um objeto é dotado também de aspectos sujeitos à experiência. Por exemplo, um dos aspectos da cabeça de um martelo é ser um objeto duro ao toque. Usando outro exemplo, se o gênero biológico — masculino ou feminino — é uma propriedade, então o gênero cultural — masculino ou feminino — é um aspecto.

análise qualitativa, p. 45

Abordagem que visa compreender o comportamento humano de forma mais interpretativa que objetiva, a análise qualitativa usa técnicas etnográficas que, normalmente, envolvem entrevistas e a participação em um fenômeno, a fim de identificar os fatores que influenciam um comportamento não quantificável. Esse tipo de análise busca compreender os significados e motivações subjacentes ao comportamento humano. É muito eficaz na identificação e compreensão de comportamentos novos e inexplicáveis.

análise quantitativa, p. 42

Abordagem que visa compreender o comportamento humano por meio da busca pela objetividade das Ciências Naturais, cuja finalidade é decompor um fenômeno em variáveis distintas e mensuráreis. A análise quantitativa se vale de pesquisas e de outras técnicas para quantificar o comportamento do ser humano com base em números e porcentagens que podem, então, ser analisados com o uso de estatísticas. O tamanho da amostra é muito importante. Se for suficientemente grande, a análise quantitativa poderá se transformar em uma poderosa ferramenta para fornecer uma compreensão do tamanho e da extensão de um fenômeno já identificado.

ator racional, p. 151

Dentro de um sistema econômico, a pessoa que busca objetivos que refletem seus próprios interesses; essas preferências são coerentes e estáveis. Diante de várias alternativas, um ator racional escolherá a opção que tenha a maior utilidade possível.

planejamento de cenários, p. 26

Uso de cenários hipotéticos que "ensaiam o futuro" e orientam o planejamento de estratégias de expansão ou a continuidade de modelos de negócios.

sensemaking, p. 14

Processo não linear para resolução de problemas complexos e difíceis de serem conceitualizados e articulados. Fundamentado nas Ciências Humanas, o processo de sensemaking é exploratório, não confirmatório, e busca abordar perguntas com base em porquês e não em hipóteses sobre contextos que envolvem alto grau de incerteza, valendo-se de dados qualitativos. É um processo de cinco etapas:

1. Classificar o problema como um **fenômeno**.
2. Coletar dados.
3. Identificar padrões.
4. Criar insights fundamentais.
5. Criar impacto nos negócios.

taylorismo, p. 29
    Teoria que vem dos primórdios da administração científica e que definia uma empresa como um sistema constituído de fluxos de trabalho a serem aprimorados. De acordo com essa teoria, eficiência, padronização e mensuração são ferramentas essenciais para o aprimoramento da gestão de uma empresa.

descrição densa, definição, p. 99
    Termo cunhado pelo antropólogo Clifford Geertz, a descrição densa de determinado comportamento humano não só o descreve, como também busca encontrar uma razão para ele, estudando-o dentro do contexto cultural do observador. Com isso, o comportamento adquire significado aos olhos do observador. A descrição densa é uma importante técnica etnográfica.

pensar fora do quadrado, p. 48
    Prática para analisar problemas de formas não convencionais e sugerir ideias novas, originais e inesperadas. No discurso político, o "quadrado" se refere à estrutura convencional — a maneira normal de pensar —, incluindo as rotinas, processos e práticas organizacionais, bem como ideias existentes dentro de uma organização. Portanto, pensar fora do quadrado implica desviar-se da forma convencional de pensar. É a antítese do **pensamento-padrão.**

identificação de tendências, p. 26
    Identificação de amplas tendências no comportamento do consumidor ou na adoção de tecnologias que apontam para futuras necessidades, ainda não satisfeitas, do mercado atual. Veja **práticas alternativas**.

mundo, definição, p. 102
    Sistema abrangente criado pelas pessoas que a ele pertencem e conectado a seu exclusivo conjunto de recursos, regras, práticas, normas sociais e terminologia; por exemplo, o "mundo dos negócios", "o mundo do teatro" ou "o mundo das altas finanças".

NOTAS

INTRODUÇÃO

p. 3: **alimentada pelo mito**: este mito tem origem na metafísica ocidental, especialmente na visão de René Descartes de que o ser humano é pensante: René Descartes, *Meditations on First Philosophy*, 3ª ed. (Indianapolis: Hackett, 1993) [Edição brasileira: *Meditações sobre filosofia primeira* (Campinas: Unicamp, 2004)].

CAPÍTULO 1

p. 9: **quadruplicaram de tamanho desde os anos 1980**: Kevin Spence, "Nike by the Numbers", *Gatton Student Research Publication* 1, n. 1 (2009) (Gatton College of Business and Economics, University of Kentucky); veja também www.fundinguniverse.com, incluindo "Puma AG Rudolf Dassler Sports History", site da Funding Universe, acessado em 15 de julho de 2013, www.fundinguniverse.com/company-histories/puma-ag-rudolf-dassler-sport-history; e "New Balance Athletic Shoe Inc., History", no site da Funding Universe, acessado em 15 de julho de 2013, www.fundinguniverse.com/company-histories/new-balance-athletic-shoe-inc-history.

p. 10: **mais da metade de todo o mercado de artigos esportivos**: National Sporting Goods Association, Sports Participation in the United States 2012 e Sports Participation Single Sport 2012, relatórios da pesquisa acessados em 15 de julho de 2012, www.nsga.org/i4a/pages/index.cfm?pageid=4653. Veja também M. Kilpatrick,

E. Hebert e J. Bartholomew, "College Students' Motivation for Physical Activity: Differentiating Men's and Women's Motives for Sport Participation and Exercise", *Journal of American College Health* 54, n. 2 (setembro/outubro de 2005): 87–94.

p. 10: **calçados para basquete, tênis e beisebol estava encolhendo**: *Ibid.*

p. 10: **50% da demanda por artigos esportivos**: *Ibid.*

p. 10: **Segundo recente pesquisa**: *Ibid.*

CAPÍTULO 2

p. 22: **aproximando-se de uma nova "era de descontinuidade"**: Peter Drucker, *The Age of Discontinuity: Guidelines to Our Changing Society* (Nova York: Harper & Row, 1969), p. ii [Edição brasileira: *Uma era de descontinuidade: orientações para uma sociedade em mudança* (Rio de Janeiro: Zahar, 1976)].

p. 22: **Alvin Toffler seguiu a mesma linha de pensamento no seu famoso best-seller *Future Shock*** (Nova York: Bantam Books, 1990), p. 2 [Edição brasileira: *O choque do futuro* (Rio de Janeiro: Record, 1994)].

p. 22: **Em seu livro de 1973, *Beyond the Stable State***: Donald Schön, *Beyond the Stable State* (Nova York: Norton, 1973).

p. 23: **a última fase da "modernidade"**: Anthony Giddens, *The Consequences of Modernity* (Palo Alto: Stanford University Press, 1990) [Edição brasileira: *As consequências da modernidade* (São Paulo: Unesp, 2001)]. Ulrich Beck, *Risk Society: Towards a New Modernity* (Thousand Oaks, CA: Sage Publications, 1992) [Edição brasileira: *Sociedade de risco: rumo a uma outra modernidade* (São Paulo: 34, 2010)].

p. 23: **gestão de mudanças**: Tom Peters, *Liberation Management: Necessary Disorganization for the Nanosecond Nineties* (Nova York: Knopf, 1992); Gary Hamel, *Leading the Revolution: How to Thrive in Turbulent Times by Making Innovation a Way of Life*, edição revista (Boston: Harvard Business Review Press, 2002) [Edição brasileira: *Liderando a revolução* (Rio de Janeiro: Elsevier, 2000)].

p. 29: **O pai e fundador da ciência da administração**: Matthew Stewart, *The Management Myth: Debunking Modern Business Philosophy* (Nova York: W. W. Norton & Company, 2010), oferece uma interessante descrição das experiências originais de Taylor [Edição brasileira: *Desmascarando a administração: as verdades e as mentiras que os gurus contam e as consequências para o seu negócio* (Rio de Janeiro: Elsevier, 2010)].

p. 29: **Taylorismo**: Frederick Winslow Taylor, *The Principles of Scientific Management* (Nova York e Londres: Norton, 1911), p. 26 [Edição brasileira: *Princípios de administração científica* (São Paulo: Atlas, 1957)].

p. 30: **famosa pesquisa feita pelo psicólogo sueco Ola Svenson**, "Are We Less Risky and More Skillful Than Our Fellow Drivers?", *Acta Psychologic,* fevereiro de 1981, 47(2): 143–148.

p. 30: **pesquisa parecida, realizada alguns anos depois**: Ulrike Malmendier e Geoffrey Tate, "Does Overconfidence Affect Corporate Investment? CEO Overconfidence Measures Revisited", *European Financial Management* 11, n. 5 (2005): 649–659.

p. 31: **foram gastos globalmente mais de $18 bilhões**: Jo Bowman, "A World of Difference: ESOMAR Global Market Research 2012", 13 de setembro de 2012, http://rwconnect.esomar.org/2012/09/13/a-world-of-difference-esomar-global-market-research-2012/.

p. 31: **Fizemos um experimento interessante**: ReD Associates, pesquisa não publicada.

p. 32: **Até mesmo as pesquisas sobre pessoas com listas de compra por escrito**: Robert S. Wieder, "Impulse Marketing: How Supermarkets Help Make Us Fat", CalorieLab, novembro de 2012, http://calorielab.com/news/2012/11/08/impulse-marketing-how-supermarkets-help-make-us-fat/.

p. 35: **em um artigo de 2006 da *McKinsey Quarterly***: Ian Davis and Elizabeth Stephenson, "Ten Investment Trends for the Future", *McKinsey Quarterly*, Q1, janeiro de 2006.

p. 36: **livro *How Brands Grow***: Byron Sharp, *How Brands Grow: What Marketers Don't Know* (Nova York: Oxford University Press, 2010).

p. 36: **psicólogo Paco Underhill revela**: Paco Underhill, *Why We Buy: The Science of Shopping* (Nova York: Simon and Schuster: 2007) [Edição brasileira: *Vamos às compras! A ciência do consumo nos mercados globais* (Rio de Janeiro: Elsevier, 2001)].

p. 36: **e o escritor Kevin Hogan nos conta**: Kevin Hogan, *The Science of Influence* (Nova York: Wiley, 2010) [Edição brasileira: *Você pode influenciar pessoas — o segredo do sucesso: persuasão e influência* (São Paulo: Futura, 2006)].

p. 37: **os autores do artigo "Better Branding"**: Nora A. Aufreiter, David Elzinga e Jonathan W. Gordon, "Better Branding", *McKinsey Quarterly*, novembro de 2003, www.mckinsey.com/insights/marketing_sales/better_branding.

p. 38: **Segundo um artigo publicado no *The Washington Post***: Margaret Webb Pressler, "Low-Carb Fad Fades, and Atkins Is Big Loser", *The Washington Post*, 2 de agosto de 2005, www.washingtonpost.com/wp-dyn/content/article/2005/08/02/AR2005080200276.html.

p. 38: **Até 2004, o mercado de alimentos com baixo teor de carboidrato**: Melanie Warner, "Is the Low-Carb Boom Over?", *The New York Times*, 5 de dezembro de 2004, www.nytimes.com/2004/12/05/business/yourmoney/05atki.html?pagewanted=all&position=.

p. 40: **cunhou o termo *habitus***: Pierre Bourdieu, *Distinction: A Social Critique of the Judgement of Taste* (Cambridge, MA: Harvard University Press, 1984), p. 170.

p. 41: **os psicólogos cognitivos chamam isso de *viés de confirmação***: Charles G. Lord, Lee Ross e Mark R. Lepper, "Biased Assimilation and Attitude Polarization: The Effects of Prior Theories on Subsequently Considered Evidence", *Journal of Personality and Social Psychology* 37, n. 11 (1979): 2.098-2.109.

p. 42: **fenômeno ao qual os psicólogos se referem como *memória confirmatória***: Reid Hastie e Bernadette Park, "The Relationship Between Memory and Judgment Depends on Whether the Judgment Task Is Memory-Based or On-Line", *in Social Cognition: Key Readings*, David L. Hamilton (org.) (Nova York: Psychology Press, 2005), p. 394.

p. 42: **grandiosa obra de não ficção de Leon Tolstói**: Leon Tolstói, *The Kingdom of God Is Within You*, tradução para o inglês de Constance Garnett (Nova York, 1894). Edição do projeto Gutenberg, lançada em novembro de 2002, www.gutenberg.org/cache/epub/4602/pg4602.html. [Edição brasileira: *O reino de Deus está em vós* (Rio de Janeiro: Rosa dos Tempos, 1994)].

p. 43: **Roger Martin**: Roger Martin, "Beyond the Numbers: Building Your Qualitative Intelligence", *Harvard Business Review*, 1 de maio de 2010.

p. 47: **Jürgen Habermas**: Jürgen Habermas, *The Theory of Communicative Action*, vol. 2, *Lifeworld and Systems: A Critique of Functionalist Reason* (Cambridge & Oxford: Polity Press, 1991).

p. 48: **Essa terminologia tão complexa e exótica**: Allen C. Smith III e Sherryl Kleinman, "Managing Emotions in Medical School: Students' Contacts with the Living and the Dead", *Social Psychology Quarterly*, 52, n. 1 (1989): 56-69.

CAPÍTULO 3

p. 61: **Alex F. Osborn**: Alex Faickney Osborn, *Your Creative Power: How to Use Imagination* (Cape Coral, FL: Myers Press, 2007) [Edição brasileira: *O poder criador da mente: princípios e processos do pensamento criador e do "Brainstorming"* (São Paulo: IBRASA, 1996)].

p. 62: **"Cada um tem lâmpada de Aladim"**: *Ibid.*, p. 8.

p. 62: **"Brainstorming significa"**: *Ibid.*, p. 265.

p. 62: **Você não pode resolver dois problemas em uma sessão**: *Ibid.*, p. 265.

p. 63: **autor de *Ideias malucas que funcionam***: Robert Sutton, *Weird Ideas That Work* (Nova York: Free Press, 2007), p. 147 [Edição brasileira: *Ideias malucas que funcionam* (Rio de Janeiro: Elsevier, 2002)].

p. 64: **escreve Michael Michalko**: Michael Michalko, "Thinking Like a Genius", *The Futurist*, maio de 1998.

p. 65: **escreveu Gary Hamel, guru da administração, em seu best-seller *Liderando a revolução***: Gary Hamel, *Leading the Revolution: How to Thrive in Turbulent Times by Making Innovation a Way of Life* (Boston: Harvard Business Review Press, 2002), p. 23 [Edição brasileira: *Liderando a revolução* (Rio de Janeiro: Elsevier, 2000)].

p. 65: **"já se tornaram irrelevantes"**: *Ibid.*, p. 72.

p. 66: **pede aos leitores que façam um juramento**: *Ibid.*, p. 23.

p. 67: **autor de *How to Have Kick-Ass Ideas***: Chris Baréz-Brown, *How to Have Kick-Ass Ideas: Shake Up Your Business, Shake Up Your Life* (Nova York: Skyhorse, 2008), p. 17.

p. 67: **"diga '*Na na na-na na*' e ria para o mundo"**: *Ibid.*, p. 86.

p. 67: **os "sabichões"**: *Ibid.*, p. 55.

p. 69: **uma série de enigmas**: M. C. Orman, "How Einstein Arrived at E = MC Squared", the Health Resource Network, http://www.stresscure.com/hrn/einstein.html.

p. 70: **famosos estudos de Mihaly Csikszentmihalyi**: Mihaly Csikszentmihalyi, *Creativity: Flow and the Psychology of Discovery and Invention* (Nova York: Harper Perennial, 1997).

p. 70: **"Relatos cognitivos do que acontece"**: *Ibid.*, p. 101.

CAPÍTULO 4

p. 80: **Fenomenologia é o estudo de como as pessoas**: Martin Heidegger, *Being and Time* (Nova York: Harper Perennial Modern Classics, 2008), p. 50 [Edição brasileira: *Ser e tempo* (Petrópolis: Vozes, 2000)].

p. 81: **É nesse relacionamento — esse envolvimento com os objetos**: *Ibid.*, p. 53.

p. 82: **por meio da *correção***: Martin Heidegger, *The Question Concerning Technology and Other Essays* (Nova York e Londres: Garland Publishing, 1977), p. 42.

p. 83: **nossa familiaridade — nossa vivência de *ser* — no mundo**: Heidegger, *Being and Time*, p. 78.

p. 83: **Não temos consciência do conceito**: *Ibid.*, p. 91–122.

p. 84: **O slogan da fenomenologia é "para as coisas propriamente ditas"**: Edmund Husserl, *Logical Investigations* (Nova York: Springer, 2003), p. 168 [Edição brasileira: *Investigações lógicas* (São Paulo: Nova Cultural, 2000)].

p. 86: **Após a publicação de seus primeiros livros, Alice Munro**: a escritora descreve esta experiência na introdução de sua coletânea: Alice Munro, *Selected Stories* (Nova York: Vintage Contemporaries, 1996), p. xiii–xv.

p. 86: **"detalhes práticos", informações sobre o processo de escrever**: *Ibid.*, p. xiii.

p. 86: **Seria como dizer que sou uma pessoa de inteligência rápida**: *Ibid.*

p. 87: **"eu poderia tentar fazer algumas listas"**: Alice Munro, *The Lives of Girls and Women* (Nova York: Vintage, 2001), p. 276.

p. 87: **Twyla Tharp descreveu**: Twyla Tharp com Mark Reiter, *Twyla Tharp: The Creative Habit* (Nova York: Simon and Schuster, 2003), p. 65.

p. 88: **Toshio Odate**: Bill Wellman, "The Feel, the Smell, the Art of Working with Wood", *The New York Times*, 26 de setembro de 1999, www.nytimes.com/1999/09/26/nyregion/the-feel-the-smell-the-art-of-working-with-wood.html.

p. 88: **Terence Blanchard**: Jeffrey Hyatt, "Talkin' Miles: Photos, Documentaries and Quotes", Miles Davis Online, 9 de julho de 2009, http://milesdavis.wordpress.com/2009/07/09/talkin-miles-photos-documentaries-quotes/.

p. 88: **Davis resume**: *Ibid.*

p. 88: **todo o caminho de volta até Platão**: Plato, *The Republic, Book VII*, The Internet Classics Archive, acessado em 15 de julho de 2013, http://classics.mit.edu/Plato/republic.9.viii.html.

p. 89: **Descartes foi o filósofo**: René Descartes, *Meditations on First Philosophy* (Indianapolis: Hackett, 1993).

p. 90: **somos "seres no mundo"**: Heidegger, *Being and Time*, p. 11.

p. 91: **descrição etnográfica de Bruno Latour**: Bruno Latour, *Laboratory Life* (Princeton, NJ: Princeton University Press, 1986), p. 16 [Edição brasileira: *A vida de laboratório: a produção dos fatos científicos* (Rio de Janeiro: Relume Dumará, 1997)].

p. 94: **"A integração de todos os detalhes observados"**: Bronisław Malinowski, *Argonauts of the Western Pacific* (Malinowski Press, 2007), p. 84 [Edição brasileira: *Argonautas do Pacífico Ocidental* (São Paulo: Abril Cultural, 1984)].

p. 95: **Anotações de campo:** Eliot Salandy Brown, "Observing China Through People: An Ethnographer's Notes from the Field", ReD Associates website, acessado em 15 de julho de 2013, http://tinyurl.com/lx7t7hv.

p. 99: **denomina como a famosa *descrição densa*:** Clifford Geertz, *The Interpretation of Cultures* (Nova York: Basic Books, 1977), p. 1.

p. 100: **Adele como uma pessoa densa e depois rasa:** alguns trechos desta parte do capítulo foram extraídos do texto de Morgan Ramsey-Elliot, "The Anti-Anatomy of a Tearjerker", publicado no site da ReD Associates em www.redassociates.com/conversations/sense-making/adele-and-the-anti-anatomy-of-a-tearjerker/; acessado em 15 de julho de 2013.

p. 100: **"Passagens que fazem o corpo arrepiar":** Michaeleen Doucleff, "Anatomy of a Tear-Jerker", *The Wall Street Journal*, 11 de fevereiro de 2012, http://online.wsj.com/article/ SB10001424052970203646004577213010291701378.html.

p. 100: **recente esquete do "Saturday Night Live":** "Saturday Night Live", NBC, temproada 37, episódio 1604, 12 de novembro de 2011, www.nbc.com/saturday-night-live/recaps/#cat=37&mea=1604&ima=112393.

p. 101: **harmonia:** Martin Heidegger, *Being and Time* (Nova York: Harper Perennial Modern Classics, 2008), p. 176.

p. 104: **cadeias de significado:** *a fim de*: Ibid, p. 97–122.

p. 104: **Charles Sanders Peirce ficou famoso:** Charles Sanders Peirce, "Pragmatism as the Logic of Abduction", *in: The Essential Peirce*, vol. 2, *Selected Philosophical Writings, 1893–1913* (Bloomington: Indiana University Press, 1998), 226–258.

p. 107: **"A sugestão abdutiva chega a nós":** *Ibid.*, p. 227.

p. 107: **"Não bloqueie o caminho da investigação":** Ibid, p. 48.

p. 108: **"A dúvida é um estado de desconforto e insatisfação":** Charles Sanders Peirce, "The Fixation of Belief", *Popular Science Monthly* 12 (novembro de 1877): 1–15, www.peirce.org/writings/p107.html.

CAPÍTULO 5

p. 112: **Na década de 1930, o carpinteiro dinamarquês Ole Kirk Christiansen:** As informações sobre a LEGO nesta introdução foram obtidas na página "About Us: Timeline 2000:–2010", do site do LEGO Group em http://aboutus.lego.com/en-us/lego-group/the_lego_history/2000/; acessado em 15 de julho de 2013.

p. 113: **Melhor Fabricante de Brinquedos do Século por *duas vezes*:** LEGO Group, "Company Profile: Toy of the Century" em http://cache.lego.

com/upload/contentTemplating/LEGOAboutUs-PressReleases/otherfiles/ download177A5FCDC839AA3548FABB89C53C45AB.pdf; acessado em 15 de julho de 2003

p. 126: **reduzindo o número de peças dos conjuntos da LEGO de 12.900 para 7 mil**: "Lego's Turnaround: Picking Up the Pieces", *The Economist,* 26 de outubro de 2006.

p. 127: **o Vice-Presidente Executivo, Mads Nipper, nos explicou a proposição de valor da LEGO**: Diane Mehta, "Mads Nipper, Executive VP at the LEGO Group, on the Future of the Play Experience", site da ReD em www.redassociates.com/conversations/enabling-innovation/mads-nipper-executive- vp-at-the-lego-group-on-the-future-of-the-play-experience/; acessado em 17 de julho de 2013.

CAPÍTULO 6

p. 133: **não conseguiu atingir as metas de vendas quatro vezes *em um ano***: Coloplast 2009 Annual Report no site em www.coloplast.com/Investor-Relations/ Annual-reports/; acessado em 15 de julho de 2013.

CAPÍTULO 7

p. 157: **A história de Adolf "Adi" Dassler, fundador da Adidas**: site corporativo da Adidas em www.adidas-group.com/en/ourgroup/history/history.aspx; acessado em 17 de julho de 2013.

CAPÍTULO 8

p. 171: **em 2007, após sua jornada de sensemaking**: Rob Meade, "Samsung Is Still the World's Number One TV Maker", *Techradar,* 12 de julho de 2007, www.techradar.com/news/television/samsung-is-still-the-world-s-no-1-tv-maker-167661. Veja também "Samsung Hits Record High in Global TV Market Share", *What Hi-Fi?,* 12 de setembro de 2012, www.whathifi.com/news/ samsung-hits-record-high-in-global-tv-market-share.

p. 176: **"perfeitamente comuns, empíricas e quase estéticas"**: Isaiah Berlin, *The Sense of Reality* (Nova York: Farrar, Straus and Giroux, 1999), p. 46.

p. 176: **"uma grande mistura de dados evanescentes, multicoloridos"**: *Ibid.*

p. 176: **"contato quase sensível e direto"**: *Ibid.*

p. 176: **"noção exata sobre o que se encaixa com o quê"**: *Ibid.*

p. 177: **"sabedoria, compreensão imaginativa, insight ou acuidade"**: *Ibid.*

p. 180: **ou o que ele chamou de *sorge***: Martin Heidegger, *Being and Time* (Nova York: Harper Perennial Modern Classics, 2008), p. 225-228.

p. 181: **seu livro *Testament of a Furniture Dealer***: Ingvar Kamprad, "Testament of a Furniture Dealer: A Little IKEA Dictionary", Inter IKEA Systems B.V., 2007, 15, acessado em 17 de julho de 2013, www.emu.dk/erhverv/merkantil_caseeksamen/doc/ikea/english_testament_2007.pdf.

p. 182: **entrevista com um famoso jogador de futebol como Lionel "Leo" Messi**: "Lionel Messi Interview", *World Soccer,* janeiro de 2013, www.worldsoccer.com/features/lionel-messi-interview-part-two#UZbV7vM53JpShXaX.99.

p. 183: **"sempre me vi como uma pessoa da área de humanas quando criança"**: Walter Isaacson, *Steve Jobs* (Nova York: Simon & Schuster, 2011), p. 28 [Edição brasileira: *Steve Jobs* (São Paulo: Companhia das Letras, 2011)].

p. 190: **o autor francês Antoine de Saint-Exupéry escreveu sabiamente**: Antoine de Saint-Exupéry, *Wind, Sand and Stars* (Nova York: Harcourt Brace, 1967), p. 143.

ÍNDICE REMISSIVO

abordagem não linear à resolução de problemas, 110, 120, 205
Adele, 100, 101
adesivos autocolantes (post-its), 52–53, 67
Adidas, 4, 9, 110
    coleta de dados na, 158, 159, 163
    criação dos principais insights na, 161–162
    estratégia corporativa na, 145–146, 156–163, 165
    fundação da, 157–158, 162
    inovação orientada pela perspectiva na, 143
    momento de clareza na, 162
    reconhecimento de padrões na, 160–161
administração/gestão
    desenvolvimento de ideias, 28
    era de mudanças e, 22–23
    fenomenologia usada pela, 80
    linguagem dos negócios na, 47
    mudança radical e, 66
    teoria sobre princípios científicos usados na, 35–36
AFOL (Fãs Adultos da LEGO), 126
Ali, Muhammad, 157
ambiente lúdico, e criatividade, 66–68
análise conjunta, 31
análise de percepções, 31
análise qualitativa
    definição de, 207
    importância de usar, 43, 46
    usada pela Coloplast, 135–137
análise quantitativa
    Ciências Naturais com, 79
    confiança das empresas na, 42–46
    definição de, 207
antropologia, 2, 4, 13, 14, 16, 23, 94, 105, 146, 147, 151, 153, 163, 169
antropologia cultural, 146, 147
aplicativos para iPhone, 81–82
Apple, 75, 81, 184–185
Argonautas do Pacífico Ocidental (Malinowski), 94

Aristóteles, 64
arte, 2, 13, 14, 16, 89
articuladores, 193
árvores de questões, 27
aspectos
    Ciências Humanas e, 14, 16
    propriedades *versus*, 81–82
    verdade e, 81–82
aspectos econômicos, 14, 151
atividades físicas, 8, 10, 11, 160, 161
ator racional, 151, 207

Bach, Johann Sebastian, 102
background, 83–84, 102
Bain & Company, 28
Bang & Olufsen, 39
Baréz-Brown, Chris, 67
Barnes & Noble, 36
Barrett, Craig, 155
Beck, Ulrich, 23
Beckenbauer, Franz, 157
Bell, Genevieve, 139–140, 145, 147–156, 162, 163–165, 172
Berlin, Isaiah, 175–176, 177, 180
Beyond the Stable State (Schön), 22
Bismarck, Otto von, 175
Blanchard, Terence, 88
Boston Consulting Group, 28
Bourdieu, Pierre, 40, 102
brainstorming
    apresentação do conceito de, 62
    como um processo de "pensar fora do quadrado" nos negócios, 63–64
    definição de, 60–61
    exemplo do workshop sobre criatividade, 56–57
    pensar fora do quadrado e, 49
    regras, 63
    utilidade de, 68–69

brainstorming eletrônico, 63
branding (reconhecimento de marca junto ao público), 36–38, 75, 113
Brown, Eliot Salandy, 95

cadeias de significado, 104–105
câmeras, e mudanças no uso da fotografia, 77–79
Carnes, James, 145–146, 156, 159, 161–162, 163
carpintaria, 88
casos de negócios, 45–46
China, estudo etnográfico da vida familiar na, 95–99
Christiansen, Ole Kirk, 112
ciclo duplo, 86, 105–106
ciência da administração, 29, 80
Ciências Exatas, 13, 14, 16, 81, 86
Ciências Humanas, 2, 77–110
    abordagens de resolução de problemas usando, 13
    compreendendo bem as pessoas usando, 198
    definição de, 205
    desafios nos negócios e utilização, 79–80
    eficácia para alcançar o momento de clareza, 17–18
    foco na experiência humana (aspectos) nas, 14, 16
    outras ciências comparadas com, 16–17
    teorias e ferramentas usadas nas, 86, 91–106
    uso de teorias das Ciências Humanas nos negócios, 4–5
Ciências Inexatas, 14, 79. *Veja também* Ciências Humanas
Ciências Naturais, 14, 79, 102, 105, 139

Ciências Sociais, 14, 16, 22, 105, 149, 151, 153
cirurgiões, linguagem usada pelos, 48
classificações geográficas, em marketing, 40
clientes. *Veja* comportamento do cliente
Coca-Cola Company, 4
coleta de dados
    como fase do processo de sensemaking, 110, 113
    criação de uma perspectiva usando, 189
    usada pela Adidas, 158, 159, 163
    usada pela Coloplast, 131–132, 137–139
    usada pela etnografia, 94, 95
    usada pela Intel, 152–154, 163
    usada pela LEGO, 118–120
    usada pela Samsung, 170
Coloplast, 128, 131–144, 186, 191
    classificando o problema como um fenômeno, 138
    coleta de dados na, 137–139
    criação dos principais insights na, 141–144
    fundação da, 132–133
    momento de clareza na, 142
    pesquisa de mercado na, 95
    processo de sensemaking utilizado, 110, 137–144
    procurando o problema certo a ser resolvido, 132–137
    reconhecimento de padrões na, 139–141
competição nos esportes, 8–9, 10–11
complexidade, na escala de problemas, 23, 26, 206
comportamento do consumidor
    aspectos *versus* propriedades, 81–82
    desejo no, 32
    estudos realizados pelas empresas, 32–33
    familiaridade e, 83–84
    hipóteses usadas para estudar, 38–42
    inovação aberta e, 74–75
    intenções no, 33–35
    interesse no produto e, 34–35
    mídias sociais e, 75
    mudanças no uso das câmeras e da fotografia, 77–79
    percepção no, 32–33
    personalização e, 74
    racionalidade no, 30–35
comportamento humano
    cultura empresarial e suposições sobre, 2–3
    pressupostos potencialmente inúteis sobre, 197–198
    resolução de problemas orientada por hipóteses para entender as mudanças no, 13, 22
    sensemaking usado para entender, 5
comportamento natural, 83
compras, opções nas, 4
confiança mental usada, 192–193
conservadores, 193
contexto do comportamento humano, 103–105
criatividade
    aspectos lúdicos e divertidos, 66–68
    brainstorming como processo, 60–64
    história do saudável Harry Potter no workshop, 51–59
    ideais surgem do nada, 64–65
    momento de clareza, 70
    mudança radical por meio de, 65–66
    padrões em como as empresas pensam sobre, 59–60

pensar fora do quadrado como
metáfora para, 60
visto como algo estranho, 60
crowdsourcing, 74
Csikszentmihalyi, Mihaly, 70
cursos de MBA, 18, 30

dança, memória muscular na, 87–88
Darwin, Charles, 64
Dassler, Adolf "Adi", 146, 157, 158, 162, 164
Davis, Miles, 88
decisões quanto à compra de carros, 34
Descartes, René, 89–90
descrição densa, 86, 99–102
desejo, no comportamento do consumidor, 32
design. *Veja* design de produtos
design de produtos
    abordagem da IKEA ao, 180
    câmeras digitais e, 79
    experiência da Coloplast com, 128, 132–144
    experiência da LEGO com, 113–115, 125
    liderança de Jobs na Apple e, 184–185
    perspectiva da Samsung sobre o uso da televisão e, 170–172
    procedimentos hospitalares e, 39
design thinking, 63
    definição de, 204
    exemplo do workshop sobre criatividade, 51–59
Deuses devem estar loucos, Os (filme), 104
diários, na coleta de dados, 118, 120, 138
dieta de Atkins, 37–38, 46
distinções significativas, 143, 179
diversão, e criatividade, 66–68
Dreyfus, Hubert, 167–169, 179

Drucker, Peter, 22
Durkheim, Émile, 93

EA Sports, 10
eBay, 65
economia comportamental, 3, 203
economia do laissez-faire, 151
economia keynesiana, 151
Einstein, Albert, 64, 69–70
empresas de bebidas, 83
Enron, 66
equipamentos de cozinha, decisões de compra, 33–34
escala de problemas, 24–26, 206
escritores e como eles vivem, 86–87
estratégia
    experiência da Adidas com, 156–165
    experiência da Intel com, 146–156, 164–165
    princípios científicos na, 36
etnografia, 4, 14, 86, 91–106
    anotações de campo da China como exemplo de, 95–99
    ciclo duplo na, 105–106
    como ponto de partida, 199
    compreensão dos mundos, 102–105
    definição de, 94, 204
    descrição densa usada em, 99–102
    diferenciação entre pesquisa de mercado e, 95
    métodos usados na, 95
    observações de um moderno escritório americano, 91–94
    usada pela Coloplast, 132
    usada pela LEGO, 118–120
eventos de esportes radicais, 8
exatidão e propriedades, 81–82
exercício. *Veja* esporte e exercício
experiências

fenomenologia, 80–81
sensemaking e estudo das, 84–86
visão geral, 84, 86–90

Facebook, 75
familiaridade, 83–84
fenômeno
    Ciências Sociais e estudo de, 14, 16, 81
    classificar o problema como, a primeira fase do sensemaking, 199–200
    dados que orientam o estudo de, 16
    definição de, 206
    experiência da Coloplast em classificar o problema como, 137
    experiência da Intel em classificar o problema como, 151
    experiência da LEGO em classificar o problema como, 113–118, 128
    fase do sensemaking de classificar o problema como, 110, 113
fenomenologia
    Ciências Humanas e, 16
    definição de, 206
    experiência analisada na, 80, 81, 90
    familiaridade e, 83
    relacionamento com questões exploradas na, 81, 83
filosofia, 2, 13, 14, 16, 83, 84, 89–90, 94, 168
First Rule of Logic (Peirce), 107
Flaubert, Gustave, 28
fotografia digital, 78–79
fotografia, e mudanças no uso das câmeras, 77–79
fotógrafos, na coleta de dados, 16, 55, 118, 120, 131, 138, 142

Gandhi, Mahatma, 175
Garmin, 10
garrafa de Coca-Cola, contexto da, 80, 105
Geertz, Clifford, 99–100, 168
General Electric, 185
gênero, 81
gestão de mudanças, 23
Giddens, Anthony, 22–23
Gorbachev, Mikhail, 175
grupos de discussão, 2, 31, 116, 117, 119, 124, 126

Habermas, Jürgen, 47–48
habitus, 40, 102, 204
Hamel, Gary, 23, 65
harmonia, 103
Harvard University School of Applied Science, 29
Heidegger, Martin, 89, 90, 167, 180
hermenêutica, 204
heurística, 25, 26
hipóteses/pressupostos/premissas
    hipóteses sobre natureza objetiva e imparcial, 38–42
    pensamento-padrão com, 26–28
    viés de confirmação e, 41
história, 13, 94, 169
Hogan, Kevin, 36
Homer, Winslow, 28
How Brands Grow (Sharp), 36
How to Have Kick-Ass Ideas (Charéz-Brown), 67

IBM, 4
ideias
    do nada para o "pensar fora do quadrado", 64–65
    em brainstorming, 64
Ideias malucas que funcionam (Sutton), 63

identificação de tendências
    definição de, 208
    reconfiguradores e, 193
    resolução de problemas nos negócios usando a, 26, 35
    usada pela LEGO, 119
    usada pelos profissionais de marketing, 37–38
IKEA, 180–181
impacto nos negócios
    criando, como fase do sensemaking, 110, 113
    experiência da LEGO com, 127–128
importar-se (cuidado) (*sorge*)
    definição de, 203
    IKEA como exemplo de, 180–181
    liderança de sensemaking com, 178–183
    maneiras de desenvolver, 182
In weiter Ferne, so nah! (*Tão perto, tão longe*, filme), 83
incentivos, 75
incerteza, problemas empresariais e nível de, 24, 26
indicação formal, 120
indicadores de desempenho, 27
indústria farmacêutica, 17
inovação
    análise quantitativa usada na, 44
    criatividade nos negócios e, 59
    empresas de fora do setor de artigos esportivos e, 10
    experiência da Coloplast com, 128, 133
    orientada por perspectiva, 143, 145, 185, 186–187
    premissas sobre competição e, 8–9, 11
    resolução de problemas e, 74–75

inovação orientada pela perspectiva, 143, 185
    definição de, 206
    experiência da Adidas com, 145–146, 156–165
    experiência da Intel com, 145, 146–156, 164–165
    líderes com perspectiva em, 186–187
Intel Corporation, 4, 110, 172
    classificando o problema como um fenômeno, 151
    coleta de dados na, 152–154, 164
    estratégia corporativa na, 146–156, 162, 164–165
    história da fundação, 153, 162, 185
    inovação orientada pela perspectiva na, 143
intenções, no comportamento do consumidor, 33–35
ioga, 7–8, 10, 11, 79, 103, 156–157, 159, 160
Isaacson, Walter, 183–184

Japão, 30
Jobs, Steve, 74, 75–76, 183–185
Jordan, Michael, 158

Kamprad, Ingvar, 181
Kinnie, Craig, 149
Knudstorp, Jørgen Vig, 112, 117–118, 126
Kristiansen, Kjeld Kirk, 112

Land, Edwin, 183
Latour, Bruno, 91
LEGO Group, 4, 111–128, 186
    classificando o problema como um fenômeno, 113–118, 128
    coleta de dados na, 118–120

criação de impacto nos negócios, 127–128
criação dos principais insights na, 124–127
fundação da, 112
momentos de clareza na, 126, 128
pesquisa de mercado na, 95
processo de sensemaking utilizado, 110, 112–113
reconhecimento de padrões na, 120–124
Lei de Moore, 152
liderança
    características fundamentais, 177–178
    conectando mundos diferentes, 190–195
    diferenças no papel do tomador de decisões e do sensemaker, 173–175, 175 (Tabela)
    julgamento político usado na, 175–177
    momentos de clareza na, 175
    o líder que se importa, 178–183
    perspectiva na, 183–189
    visão de Jobs e, 74, 75–76
liderança política, 175–177
liderança por meio do sensemaking
    a liderança que "se importa" em, 178–183
    características fundamentais do, 177–178
    conectando diferentes mundos na, 190–195
    confiança mental usada pela, 192–193
    diferenças no papel do tomador de decisões e do sensemaker, 173–175, 175 (Tabela)
    julgamento político usado pelo, 175–177
    perspectiva no, 183–189

Liderando a revolução (Hamel), 65
linguagem
    criatividade e, 66–68
    descrições de criatividade usando, 64–65
    no pensamento-padrão, 47–48
    performance técnica nos esportes influenciando a, 9, 11
    perspectivas pelo uso da, 184
linguagem técnica
    artigos esportivos que usam, 9, 11
    perspectivas obtidas com o uso de, 184
    usada nos negócios, 47–48
linguística, 146, 184
literatura, 2, 14, 16, 89
lógica dedutiva, 13

Madame Bovary (Flaubert), 28
Malinowski, Bronisław Kasper, 94, 106
manufatura enxuta, 30
marketing
    classificações geográficas usadas em, 40
    conectando P&D ao, 190–192
    experiência da LEGO com, 116–117
    hipóteses usadas em, 40–41
    pensamento-padrão usado em, 16
    princípios científicos em, 36, 37
Martin, Roger, 43
Marx, Karl, 93
matemática, 13, 14, 89
McKinsey & Company, 28, 112, 135
McKinsey Quarterly, 35
medicina, linguagem usada na, 48
memória confirmatória, 41
memória muscular, 83, 87–88
Messi, Lionel "Leo", 182
metáforas, 184–185, 189

Michalko, Michael, 64
Microsoft Kinnect, 10
mídias sociais, 75, 76
modo linear de resolver problemas, 13
Moller, Rasmus, 133–134, 137, 138, 140–141, 142, 143
monitoramento de marca, 31
Moore, Gordon, 152
Mozart, Wolfgang Amadeus, 100–101
mudança
    como o novo normal, 22–23
    criatividade e, 65–66
    futuristas sobre a nova era de, 22
    níveis de problemas, 24–26
mudança de paradigma, 47, 143, 206
mudança radical, e criatividade, 65–66
mundo
    compreensão de, 86, 102–105
    definição de, 208
mundo da vida, e linguagem, 47–48
mundo dos sistemas, e linguagem, 47–48
Munro, Alice, 86–87
música, 88, 89, 100–101

negócios
    mudanças e níveis de problemas em, 24–26
    suposições sobre o comportamento humano em, 2–3
    visão do positivismo, 28
New Balance, 9
Nickelodeon, canal de televisão, 127
Nike, 9, 158
Nintendo Wii, 10
Nipper, Mads, 126–127
normas sociais, 103
nostalgia, 116, 117
Novo Nordisk, 185

O choque do futuro (Toffler), 22
objetividade das hipóteses, 38–42
observação participante, 94, 95, 118, 137
observação, na etnografia, 94, 95
Odate, Toshio, 88
orientado(a) pela antropologia, 169
Osborn, Alex F., 62, 65
Otellini, Paul, 146, 154
Owens, Jesse, 157

panóptico, 121, 206
Peirce, Charles Sanders, 107, 108
pensamento lateral, 63
pensamento racional, 89–90
pensamento-padrão
    análise quantitativa (números como a única verdade), 42–47
    análise quantitativa usada no, 43
    como funciona, 26–49
    complementa o sensemaking para, 15 (tabela), 16
    convicção no centro do, 26
    definição de, 204
    descrição de, 12–14
    desvantagens, 48–49
    exemplo no setor de artigos esportivos, 12
    foco no primeiro plano, 14
    hipótese de que o amanhã será como hoje no, 35–38
    incerteza nos problemas de negócios e, 26
    linguagem técnica, 47–48
    mudanças no uso das câmeras e da fotografia e, 78–79
    pensar fora do quadrado e, 49
    premissas vistas como objetivas e imparciais, 38–42
    princípios do, 26–28

produtividade como meta e, 13
  racionalidade presumida das pessoas no, 30–35
  usado em marketing, 17
  usado no planejamento estratégico, 12–14
pensar fora do quadrado, 49
  aspectos lúdicos e divertidos de criatividade e, 66–68
  como funciona, 59–68
  como metáfora da criatividade, 60
  criatividade como um processo em, 60–64
  criatividade vista como algo estranho em, 60
  definição de, 60, 208
  falácia da abordagem, 69
  ideais que surgem do nada, 64–65
  mudança radical por meio da criatividade, 65–66
  padrões de como as empresas pensam sobre criatividade e, 59–60
percepção
  habitus na, 40
  no comportamento do consumidor, 32–33
personalização, 74
perspectiva
  criação de, 188–189
  empresas bem-sucedidas e o compromisso com, 168–169
  estudo de caso de empresa de aparelhos de televisão e o compromisso com a, 170–172
  exemplo de empresas com, 185–186
  horizontes vistos ao usar a, 187–188
  Jobs como exemplo de líder com, 183–184
  liderança e necessidade de, 169–172

liderança usando sensemaking e, 178, 183–189
pesquisa
  estudos do comportamento do consumidor por meio de, 32–33
  premissas sobre o comportamento humano e, 2
pesquisa de mercado
  análise quantitativa usada em, 42, 45–46
  experiência da Coloplast com, 137
  experiência da LEGO com, 116–117
  mudanças no uso das câmeras e da fotografia, 77–79
  pensamento-padrão usado na, 78–79
  percepções e desejos do consumidor relatados, 32–33
  perspectiva da Samsung sobre o uso da televisão e, 170–171, 172
pesquisa de produtos, 4
pesquisa e desenvolvimento (P&D)
  análise quantitativa em, 42, 43
  conectando marketing à, 190–192
  experiência da Coloplast com, 128, 137
  modo linear de resolver problemas em, 13
  perspectiva e, 186
pesquisas quantitativas, 31
pesquisas/estudos, 2, 31
Peters, Tom, 23
planejamento de cenários, 26, 207
planejamento estratégico, 2, 12
Platão, 89
Polaroid, 183
positivismo lógico, 30, 205
positivismo, 28, 30, 205
prática, 79–80, 206
práticas alternativas, 188–189, 193, 206

preferência de marcas, 35
preferências, suposições sobre, 3
principais insights
    criação dos, como fase do
        sensemaking, 110, 113
    experiência da Adidas, 161-162
    experiência da Coloplast, 141-144
    experiência da LEGO, 124-127, 128
    experiência da Samsung, 169
princípios científicos
    administração e, 35-36
    branding usando, 36-38
produtividade
    foco das empresas na, 26, 28
    pensamento-padrão e, 13, 30
    Taylorismo e, 29
programa "Changing Diabetes", 185
proposição de valor, 9, 12, 110, 125, 126-127, 169, 200
propriedades
    aspectos *versus*, 81-82
    definição de, 207
    exatidão e, 81-82
    foco das Ciências Naturais nas, 15, 16
    medições de Taylor, 29-31
psicologia, 2, 16, 41, 146
psicologia cognitiva, 41, 146, 184
psicologia existencial, 14, 204
Puma, 9

questionários sobre satisfação do cliente, 31

raciocínio abdutivo, 86, 106-108
    definição de, 203
    momento de clareza em, 106, 108
    Peirce sobre, 106-108
raciocínio dedutivo, 80, 106, 204
raciocínio indutivo, 13, 106, 205

racionalidade dos consumidores, no
    pensamento-padrão, 30-35
racionalismo instrumental, 26, 205
Rasmussen, Lars, 133
reconfiguradores, 193
reconhecimento de padrões
    experiência da Adidas com, 160-161
    experiência da Coloplast com, 139-141
    experiência da LEGO com, 119, 120-124, 128
    função do líder no, 176
    procurando, como fase do
        sensemaking, 110, 113
ReD Associates, 2, 95
reino de Deus está em vós, O (Tolstói), 42
resolução de problemas
    abordagem do pensamento-padrão a
        Veja pensamento-padrão
    mudanças e níveis de problemas nos
        negócios, 24-26
resolução de problemas orientada por
    hipóteses
    confiança das empresas na, 18, 22
    definição de, 205
    experiência da Coloplast, 134-135
    mudanças no comportamento das
        pessoas e dos mercados e
        utilização, 13, 22
    planejamento estratégico usando, 13
    suposição de que as pessoas tomam
        decisões de modo racional, 30-31
Riley, Chris, 148
Roosevelt, Franklin D., 175

Saint-Exupéry, Antoine de, 190
Samsung, 170-172
Saudável Harry Potter (história do
    workshop sobre criatividade), 51-59

Schön, Donald, 22
Science of Influence, The (Hogan), 36
sensemaking
    abordagens à resolução de problemas usando Ciências Humanas em, 13
    aplicações de, 5
    Ciências Inexatas e, 14
    classificar o problema como um fenômeno como a primeira etapa, 199-200
    definição de, 207
    desafios de negócios e utilização, 80
    descrição de, 14-17
    eficácia do uso para alcançar o momento de clareza, 17-18
    estudo das experiências, 84-86
    experiência da Coloplast com, 128, 137-144
    experiência da LEGO com, 110, 112-113
    fases do, 109-110, 113
    fenomenologia e, 80
    hipóteses sobre os clientes no, 200-201
    momentos de clareza usando, 80
    pensamento-padrão complementando o, 15 (Tabela), 16
    por onde começar, 199-201
    reconhecimento de sinais de perigo antes de começar, 172-173
    tempo para as contribuições no, 195
senso comum, 28, 35, 40, 83
Ser e tempo (Heidegger), 90, 167
setor de brinquedos, 38-39. *Veja também* LEGO Group
setor de cuidados com a saúde, 16
setor de eletroeletrônicos, 34, 77-79
setor de publicidade, 61
setor hospitalar, 39

SIRI (aplicativo para iPhones), 81-82
Smith-Meyer, Paal, 113, 115, 116, 117, 119, 125, 128
sociologia, 2, 14, 15, 94
solução de big data, 73-74, 75
solução de inovação aberta, 74-75
Sony, 169-171
Sørensen, Elise, 132-133
Soros, George, 87
Starbucks, 185
Sutton, Robert, 63
Svenson, Ola, 31

Taylor, Frederick Winslow, 29
Taylorismo, 29, 208
tecnologia, ênfase da solução de big data na, 73-74
terceirização, 74
Testament of a Furniture Dealer (Kamprad), 181
Tharp, Twyla, 87-88
The 1903 Harvard Lectures on Pragmatism (Peirce), 107
The Wall Street Journal, 100
The Washington Post, 38
Thinking Like a Genius (Michalko), 64
Toffler, Alvin, 22
Tolstói, Leon, 42
tomada de decisões/processo decisório
    consciência das razões por trás das escolhas na, 3-4
    papel da liderança na e, 173-177
    pensamento racional na, 89-90
    suposições sobre o comportamento humano em, 3
trabalho de campo, etnografia, 95-99, 199
TRIZ, 63
Twitter, 75

Underhill, Paco, 36
Uys, Jamie, 104

Vamos às compras! (Underhill), 36
verdade, e aspectos, 81-82
vida familiar na China, estudo etnográfico da, 95-99
vídeos, na coleta de dados, 16, 118, 119, 131, 138
viés de confirmação, 41, 203
vieses
    ciclo duplo, 105-106
    classificações geográficas, 40
Villumsen, Kristian, 135-139, 140, 141-142, 143

WAF (Wife Acceptance Factor - Fator de Aceitação da Esposa), 34
Washington, George, 175
Wei Bao, 95-99
Wenders, Wim, 83
Whistler, James Abbott McNeill, 28
Wright, Rose Marie, 87-88

Your Creative Power (Osborn), 62

Zidane, Zinedine, 157

Impresso nas oficinas da
SERMOGRAF - ARTES GRÁFICAS E EDITORA LTDA.
Rua São Sebastião, 199 - Petrópolis - RJ
Tel.: (24)2237-3769